Kapitelübersicht

Abendstern

Mein Abend naht. Noch in der Luft
der Drossel-Lieder warmer Klang.
Jasmin- und Nelken- Holderduft ...,
wie friedvoll alles, dennoch bang
wird mir, wo Sonnenlicht sich abgewendet,
den Morgen bringt in fernen Welten.
Dort hebt nun das an, was hier endet ...,
ein steter Auf- und Abbau ist`s von Zelten.

Das Ist wird War, das Wird wird Sein,
im ew`gen Fließen reißt`s mich mit;
bedeutungslos, was ich als „Mein“
erbaut, erstrebt, für das ich stritt.
Von Wert bleibt nur, still zu begreifen
all das, was ist in Raum und Zeit.
Durch Schauen, Staunen, Ordnen, Reifen
bin ich bald für die Nacht bereit,
aus der die Ewigkeit von fern
schon grüßt als heller Abendstern.

Zeitgenossen – Sprache – Alter

Rekordsucht

Ein Mensch, der gern zeigt, dass er tüchtig,
wird oftmals nach Rekorden süchtig.
Er fühlt sich dazu ausersehen,
im Guinness-Buche einst zu stehen.
Es packt der Ehrgeiz ihn beim Schopf,
Rekordgier setzt sich fest im Kopf
und um Ideen nie verlegen,
träumt er dem großen Ruhm entgegen.
Er läuft auf Händen tausend Meter,
schlägt mit der Faust zu Hackepeter
ein langes Brett voll Kokosnüsse,
isst hundertzwanzig Schokoküsse,
hält Autos fest mit Muskelkraft,
trinkt sieben Liter Himbeersaft,
spricht rückwärts ein Gedicht von Goethe,
bläst mit dem Hinterteil Trompete,
fährt mit dem Fahrrad über Treppen,
kann 1000 Pfund acht Meter schleppen.

Wozu noch die Olymp`schen Spiele?
Andre Höchstrekorde Ziele,
durchgeführt mit Heldentum,
bringen den Akteuren Ruhm!

Eifrig folgt die Volkskultur
dieser edlen Werte Spur
zu Höhen, bislang unerreicht,
doch könnt bedenken man vielleicht,
ob nicht auch anzustreben bliebe
Rekorde in der Nächstenliebe?

Obenauf – sein

Zwei Herren, einstens Weggefährten,
die trafen sich. Die wohlgenährten
ins Feiste wachsenden Gestalten
begannen fröhlich Rückschau halten.

Einst stand die Welt den beiden offen,
doch bald sank beider großes Hoffen
tief in den Schlamm im Strom des Lebens,
dagegen rudern war vergebens.
Nicht *ein* Plan, der kühn konzipiert,
ward positiv realisiert.

Zu dem, was beide nicht geschafft,
da hatten beider Söhne Kraft.
So sprach der erste voller Stolz:
„Mein Sohn, der ist aus starkem Holz.
Er hat, da er sehr ordentlich,
´ne Sekretärin unter sich."

„Die Firma zahlet meinem Sohn",
sprach nun der zweite – „Spitzenlohn!
Er hat – so glaub ich – sicherlich,
gut zwanzig Leute unter sich."

So schwelgt ein jeder voll Genuss
von dem Erfolg des Filius.
Mit sich und aller Welt zufrieden,
ward voneinander nun geschieden,
und jeder hat sich still gedacht,
dass großen Eindruck er gemacht.
Ob Sekretärin oder zwanzig Mann... –
auf einen kommt´s ja gar nicht an.
Es gilt am Wissen sich zu laben,
den Mitmensch „unter sich" zu haben.

Erfinder

Es reichte – kurz nach Adams Zeit –
der ersten Menschen erstes Kleid,
aus Fellen, Wolle, Nesseln
vom Hals bis zu den Fesseln.
Sie ließen mittels Seil und Spangen
die Tücher auf dem Körper hangen.
Die lösten sich jedoch beim Gehen
und ließen dabei jenes sehen,
das Adam mit dem Feigenblatt
vor Evas Blick verstecket hat.

Viel Zeit kam her, viel Zeit verrann
bis **Peter Knopf** den Knopf ersann,
und schließlich schuf ein **Wilhelm Loch**
- das Loch, denn jenes fehlte noch.
Und dies System ward – wie bekannt –
nach Knopf und Loch **„Knopfloch"** genannt.

Nun war **Fritz Reiß** einst voll Verdruss,
weil man die Hose knöpfen muss.
Er sagte sich, es müsse doch
auch ohne Knopf und ohne Loch –
sich schließen lassen das, was lose
an Kleid, an Rock, an Jacke, Hose.

Herr Reiß – mit ihm sein Sozius – ,
dies war der Herr **Max von Verschluss ,**
die haben lange konzipiert,
getüftelt und dann konstruiert
ein Schließsystem, das wie im Flug,
was offen war, nun schloss durch Zug.
Nach dem Fritz Reiß und Max Verschluss
nannt´ dies System man „Reiß-Verschluss".

Nun, das System von Knopf und Loch
bewähret sich auch heute noch,
der Reiß-Verschluss an Hose, Hemd
hingegen hin und wieder klemmt.
Erwähnen möcht` ich noch zum Schluss:
Franz Klett erfand den Klett-Verschluss.

Arbeitsvermittlung für Reimliebhaber

Im Arbeitsamte sagt' ein Mann,
dass er zwar Arbeit hasse,
er nähme jedoch alles an,
wenn's nur zum Namen passe.

„Ich weiß nicht, was der Unfug soll",
der Beamte ist verwundert,
„sehr weltfremd und zu anspruchsvoll
für's zwanzigste Jahrhundert."

Es ließ der Mann jedoch nicht nach,
er sagt', er sei integer,
er käm' vom Rhein, von Andernach
und hieße Friedrich Reger.

Der Beamte glaubt' an Fopperei
und meint: „Sind Sie Fritz Reger,
dann werden Sie", er lacht' dabei,
„ganz einfach Hosenträger!"

„Dann wär' der Reim ja nicht korrekt".
Fritz Reger ist empört,
ein Umlaut doch im Endeffekt
zu ‚Reger' nicht gehört!

Da sucht' der Herr vom Arbeitsamt
nach passend freien Stellen
und hebt dann an, sie allesamt
Herrn Reger vorzustellen:

„Das Tiefbauamt sucht Rohrverleger,
ein Krankenhaus zwei Krankenpfleger,
das Forstamt einen Wildtier-Heger,
die Druckerei drei Buchverleger.

Ein Baugeschäft sucht Fliesenleger,
der Zoo zwei Tier- und Landschaftspfleger,
die Stadt braucht einen Straßenfeger,
die Auswahl reicht doch wohl, Herr Reger?“

Dem passt mal dies, mal jenes nicht,
er konnt‘ jedoch nach drei Beschwerden
(- er zog sogar vor das Gericht!)
letztlich vermittelt werden.

Es bekam just dieser Friedrich Reger
bei einer Fürstin Vonundzu
die Anstellung als Bettvorleger,
(und nachts deckt er sie manchmal zu).

Schicksals - Ironie

Franz liebt Balkenüberschriften,
jene, mit den schlimmen Dingen,
wo mit Dolch und Pflanzengiften
‚Mörder Tod und Grauen bringen.

Dabei liebt er das Detail
von solch gruseligen Taten,
vom brutal geschlagnen Beil
auf den Todeskandidaten.

Immer kann man ihn dann hören,
wie er sein Entsetzen heuchelt
über Böses sich empörend
in sich selbst die Wahrheit meuchelt.
Gestern biss er selbst ins Gras,
ward erschlagen von `nem Hammer,
dass er dies selbst nicht mehr las,
war fürwahr ein großer Jammer.

Sensible Zeitungsleser

Der Mensch liebt - als soziales Wesen -
das morgendliche Zeitungslesen.
Wer starb, den man so gut gekannt?
Wo hat es in der Nacht gebrannt?
Wie war‘n Fußballer, Boxer, Läufer?
Wer suchet Maurer, wer Verkäufer?

Die Politik, das Weltgeschehen
wird oberflächlich angesehen,
Feuilleton, Wirtschaft und Kultur
betrachtet man am Rande nur,
für‘s Flüchtlingselend, das geschah,
hat man bedauernd nur ein „Ah“!

Das aber, was dem Mensch gefällt
steht unter „Aus der weiten Welt“.
Hier liest man sorgsam und genau:
Wer sich bald trennt von seiner Frau...,
Prinzessin und ihr Herr Masseur...,
Filmdiva´s-Liebes-Grand-Malheur.
Wie man den Mörder - schreibt das Blatt -
auf einem Klo gefangen hat,
wie bestialisch ward erstochen
ein Millionär, wie man die Knochen
von zehn erwürgten Frauen fand,
dazwischen: „Wal am Nordseestrand!“,
ein Feuerteufel legte Feuer,
Therapeutin liebt ein Ungeheuer...
Kurzum, was Schlimmes so passiert,
das ist es, was uns int´ressiert.

Hier kann man tief in Mitgefühlen
der eignen zarten Seele wühlen.
So ist‘s das Schlechte uns‘rer Welt,
was uns im Grunde gut gefällt.

Was wär' das Rheinland ohne „isch"!

Rheinländer, du wirst gefoppt!
Zunge, nur schwer abgestoppt,
formt mit einem feuchten Zisch
stets aus „-ich" und „ig" ein „isch".

Bei dir ist die Kirche „heilisch",
alle Menschen sind heut' „eilisch",
und das Mehl ist immer „mehlisch",
wer sich freut, der lächelt „selisch".
Kleine Kinder, die sind „drollisch",
und ein Schaf ist immer „wollisch",
„mansche" Hündin, die ist „häufisch"
zwei- bis dreimal „jährlisch" „läufisch".
„Manscher" Mensch, der ist sehr „gütisch",
„manscher" jedoch „übermütisch",
„mansches" Dirndelkleid ist „luftisch",
eine Rose immer „duftisch",
„manscher" Mensch wird „schwindelisch",
altes Brot oft „schimmelisch".

Kurz, was war' sie „langweilisch"
- unsre Sprache - ohne „isch"!
Plagst zum Hochdeutsch du „disch" dann,
hört „sisch" das oft „komig" an.

Hinauf zum Höheren

(im Gedenken an unseren Nachbarn,
den Glaskünstler Fritz Lauten)

Schmidt und Bundesrepublik –
nach dem Kriege klapprig, hager,
obdachlos, geschrumpft und mager,
lenkten sie dann hoch den Blick.
lebenswertes Wohlstandleben
ward den beiden nun gegeben,
das Entsagen blieb zurück.

Fress- und Kühlschrank- Möbelwelle
wogt mit materiellem Glück.
Für Kultur lieb nur die Stelle
(auch für Gott - für alle Fälle!)
hinterm Komma nur zurück.

Hart kämpft der Mensch um Position,
um Macht und Auto, Haus und Geld.
Er nimmt von seines Wohlstandsthron,
- „Ellenbogennutzungslohn" -
just all das, was ihm gefällt.

Nun, da deutsche Bäuche dick,
hat man Zeit zum Renommieren
so mit Reisen, Schmuck und Schick, -
- schließlich lenkt man seinen Blick
auf Kunst und bessere Manieren.

Die zum Wissen führ`nde Brücke
schwankt, ist schmal und deucht gefährlich.
Beim Betreten zeigt voll Tücke
sich so manche Wissenslücke...,
doch das „Höh`re" lockt begehrlich.
Gut, dass hier in unserm Kreise

jemand ist, der helfen kann.
Kunstverständig, sachlich, weise,
einfühlsam, sensibel, leise
bietet er uns Hilfe an.

Unser erstes Seminar
traf sich bald bei Nachbar Schmidt.
„Stile“ unser Thema war,
schad`, dass die illust`re Schar
oft in andre Themen glitt.

Der Künstler sagt`, beim Jugendstile
- er beschrieb den Stil genau -
ihm die schlanke Form gefiele,
worauf Schmidt zischt, leis mit Kühle:
„Glich dem Stil doch meine Frau!“

Sophie Schmidt, recht mollig, krege,
nannte ihn drauf plump und dumm,
kein Gramm Fett sei ihr im Wege,
streitend ging der Weisheitspflege
erste Doppelstunde um.

Nächste Sitzung „Klassizismus“,
eifrig wurde diskutiert.
Plötzlich stockt der Euphorismus;
denn man kam auf „Rheumatismus“
und wie man ihn auskuriert.
Thema „Krankheit“ noch im Munde
schloss die zweite Doppelstunde.

An Kathedralen deutscher Städte
zeigte er den Gotik-Stil,
und Frau Schulz sagte, sie hätte
daheim im Spekulatiusbrette
einen Gotik-Dom, der ihr gefiel.
Frau Schmidt meint darauf, es bekäme
nur feinen Spekulatius,
wer selbst zum Backen sich bequeme
und auch nur gute Butter nähme,
dies sei dann auch ein Hochgenuss.
Mit einer Gotik-Knusperhaus-
Beschreibung ging die Stunde aus.
In des Lehrgangs vierter Phase
stellte den Barock er vor;
worauf Schmidt sagt, seine Base
habe ´ne barocke Vase
und barocken Schmuck am Ohr.

Bald sprach man mit frohen Mienen
unbekümmert mit viel Spaß
von den Vettern und Kusinen,
was sie schaffen und verdienen...,
den Barock man ganz vergaß.

Und so ging es Stund um Stunde!
Es verlief der Kunstverstand-
Förderung in dieser Runde
nach der zwölften Doppelstunde
letzten Endes doch im Sand.

So gerne man auch weiser wär`,
durch Zwang wird Wissen fast noch seichter.
Dem Besten selbst geht manches quer,
die Weisheit wächst halt gar zu schwer,
da wachsen Bauch und Konto leichter.

Opernabend

Den Xaver ließ der Wunsch nicht ruhn,
für seine Bildung was zu tun.
Sein liebes Frauchen, seine Kläre,
riet ihm, dass es sinnvoll wäre
sich `ne Oper an zu sehn.
Xaver meint: „Hei, dös wär` schön!
Da lern` ich alte Kreatur
a bissel noch von die Kultur.“

Er fährt in die Millionenstadt,
und da er reichlich Zeit noch hat,
möcht` er im Cafe` rasch versuchen
den frischen Hefe-Pflaumen-Kuchen.
Nicht ein paar Stück – ein ganzes Blech
isst er voll Appetit „hinwech“.
Danach hat er noch reichlich Zeit,
und weil`s zur Oper gar nicht weit,
da möcht er rasch noch eine Maß
genießen aus dem Weißbierfaß.

Dem Magen scheints nicht recht zu sein.
Er grollt und brummt in sich hinein,
beginnt schon bald zu rebellieren,
„dies wird beim zweiten sich verlieren“,
denkt Xaver und schluckt noch recht munter
Maß zwei und drei in sich hinunter.

Als später schwankt er durch`s Foyer,
da tut der Bauch a bissel weh.
Des Opernhauses schwüle Wärme
schlägt ihm dann vollends aufs Gedärme.

Er spürt ein Blähen, ein Rumoren,
hörbar auch für fremde Ohren.
Sein schmerzhaft zappelndes Getue,
das stört, schon zischt man ringsum: „Ruhe!“

Als laut dann das Orchester tönt
gewaltig er dazwischen dröhnt.
Doch die Erleicht`rung reicht nicht aus,
noch mehr will aus dem Bauch heraus.

Schlau hebt er an jetzt drauf zu schauen,
wenn sie vorn auf die Pauke hauen,
dann lässt er das, was ihn so peinigt,
von dannen zieh`n - ganz ungereinigt.
Sein Nachbar will empört drauf wissen:
„Ha`m Sie in Ihre Hos geschissen?"
„Ja klar", sagt Xaver doch warum,
da fragen Sie noch so saudumm?
Es ist allein doch meine Sache,
ob ich in meine Hose mache!"
Ach, wie empfindlich sind doch heute,
die Opern-Fans, die Musik-Leute!

Letztlich ging Xavers grandiose
Weiterbildung in die Hose.

Blickwinkel

Wenn jemand gegen`s Recht verstößt,
er sich vom Schlechtgewissen löst,
indem er - wie es menschlich ist -
bewusst und rasch und gern vergisst.

Hat jedoch Unrecht er erfahren,
denkt er noch dran nach hundert Jahren
und ist geradezu versessen,
des Nächsten Schuld nie zu vergessen.

Von der Schadenfreude

Gar mancher Mensch ist drauf bedacht,
dass, wenn sein Mitmensch Fehler macht,
er dies gleich einer frohen Kunde
„verschwiegen“ bringt in aller Munde.
Er fischt genüsslich in dem Trüben
bei Fremden, Freunden, seinen Lieben.

Falls jemand in den Fettnapf tritt,
dann freut er sich von Herzen mit.
Wenn gar das Fett im Bogen spritzt
und jener in der Patsche sitzt,
zeigt er voll Taktik mit Kalkül
ein gut gespieltes Mitgefühl.

So wie im Kleinen ist`s im Großen:
Wird wer von seinem Thron gestoßen,
so folgt, nachdem sein Ruf gemeuchelt,
das Mitleid – teilnahmsvoll geheuchelt.
Ein solch Verhalten – sehr betrüblich –
ist leider hier auch manchmal üblich.
Ob solcher schadenfrohen Häme
man sich im Innersten nicht schäme?
Nur Edle distanzieren sich
von solcher Haltung – du und ich.

Vernissage

Da stehn, da wandeln sie gar fein geschniegelt,
Gesichter glatt, ent-faltet, wie gebügelt.
Und ich -
ganz klein hier vor der Eingangstür –
was such ich hier?
Sie drinnen sind voll Stolz, ich draußen bin bescheiden,
jedoch, es wohnt die Eitelkeit im Herzen wohl von beiden.
Die Damen schweben in den langen Röcken
von Herr zu Herr, die aus den schwarzen Fräcken
die Köpfe keck aus weißem Hemde stecken.
Nur einer schaut – in seiner Hand die Schale Sekt –
zu mir,
der ich, vom Schatten noch verdeckt,
hier zaudernd stehe in der Eingangstür.

Die Schwelle hinter mir beginn
- als einer von den ihren -
ich mich nun auch als solcher aufzuführen,
genieße es dabei zu sein.
Wenngleich
- inmitten vieler noch allein -
fühl ich mich nah der Welt der Kunst, der elitären,
recht wohl,
allhier, wo viele gern – von unten die – auch oben wären.
Obwohl
schon bald ich fühl`, dass dieser Ehre
Belastung drückt, weshalb ich mich auch wehre
kritiklos dieser Kunst Hofierung hinzunehmen
sich nickend, Staunen heuchelnd zu bequemen;
anstatt zu sagen, dass ein Bild so voller Striche
wohl kaum dem Kunstwerk eines Musenkindes gliche.
Doch erst die wortgewandten Interpretationen,
die zeigten es, dass Künste oft in Strichen wohnen.
Nur ich, zerrissen von der Diskrepanz
- zwischen Sehen und dem Hören -
ließ weder mich von Eleganz,
noch Sekt und „Kunst“ betören.

Wie weiland einst ein Kind,
des Kaisers neue Kleider als ein Nichts erkannte
und unbedarft – wie Kinder sind –
dies Nichts ein Nichts auch nannte,
so sagte ich,
es fiel mir durch des Sekt`s Genuss schon leichter,
ich fänd` die Kunst wie Höhlenmalerei – nur seichter.
Gleich einem Hund,
der in des Tempels Heiligtum sein Bein gehoben,
ward ich nun von des Künstlers Priesterschar geschoben,
hinaus!
Aus!
SIe schreiten weiter drinnen, fein geschniegelt,
die Seelen zornzerfurcht, Gesichter, wie gebügelt.
Ich stehe wieder jenseits jener Schwelle
zum Höheren
als armer Tropf an gleicher Stelle.
Zwar dacht` ich kaum, als ich still klagte,
an das, was Goethes Götz einst sagte,
doch fand ich diese Vernissage
für mich und andre als Blamage.

Der reichste Mann auf dem Friedhof

Er strebte besessen nach Reichtum und Macht,
wobei er ohn` Rücksicht an sich nur gedacht,
war als reichster Mann im ganzen Land
und als verschlagen und geizig bekannt.
Er bracht` manchen Mitmensch ums tägliche Brot
starb plötzlich – durch Geiz – einen Hungertod.
Vorsorglich hatt` er, bevor er entrückt,
bei seinem Bestatter die Preise gedrückt.
So trug man ihn – zwar ganz ohne Habe –
doch wie man sagte, recht fröhlich zu Grabe.

Rache der Schwachen

Hat jemand Unrecht dir getan,
und kommst du an den Kerl nicht ran,
weil er mit vielen faulen Tricks
dich reingelegt hat, hinterrücks,
von Zorn und Rache du schon träumst,
vielleicht vor Wut fast überschäumst,
und selbst ein cleverer Jurist
bei den Intrigen machtlos ist,
wenn weder Baldrian hilft, noch Hopfen,
dann bringt Erleicht´rung: Teppichklopfen!

Der Teppich, nunmehr Prügelknabe,
wird rasch mit mächtigem Gehabe
aus der Wohnung raus gezwängt
und schlaggerecht drauß` aufgehängt.
Man schlägt, so redet man sich ein,
auf ihm das Böse kurz und klein.

Und dann wird wild drauflos geklopft,
bis dass der Schweiß vom Antlitz tropft.
Man würzt den Racheakt mit Fluchen,
brüllt, wie bekannt, vom „Knochen - suchen“.
Dann dreht man schließlich ihn herum
und schlägt ihm noch den Rücken krumm.

Hat man nun diesen Punkt erreicht,
dann sagt man sich: „Genug, es reicht.“
Man wischt den Schweiß sich von der Stirn
und ruhig werden Herz und Hirn.
Der Böse hat sein Fett bekommen,
dein Selbstbewusstsein zugenommen,
zudem, der Teppich ist entstaubt,
und man tat nichts, das nicht erlaubt.

Er will dein Herr sein

Dass er – gescheit wie er nun sei – sie gut durchs Leben leite,
das sagt`er ihr und zeigte sich von seiner besten Seite.
Sie sollt getrost, ergänzte er, sich fest ihm anvertrauen
und könne, da er clever sei, auch völlig auf ihn bauen
Durch gute oder harte Zeit er souverän sie führe
und dabei sie, so sagte er, zur Göttergattin küre.
Er halte ferner von ihr ab: Kummer, Sorgen, Nöte
im Gegenteil, er stets nur eitel Freude böte.
Obgleich er sie bekam, sie, die er wollte,
kam`s nicht so, wie es kommen sollte.
Es machten Weib und auch die Zeit
zunichte ihm, was er gescheit
so gut geplant und redundant
posaunte durch das Land.
Heut gilt ihr Wille,
und er ward stille,
spürte stumm:
Oh wie
dumm!
Sie
sah, wie
er sich bemühte.
Ach du liebe Güte!
Sein Gehabe – alles Balz,
sein Gerede- Worte, Schmalz!
Sie hatte ihn, der dies nicht ahnt`,
schon klug mit Umsicht längst verplant.
Und weil er – unbedarft – nichts merkte,
sie sanft sich gebend ihre Herrschaft stärkte.
Als sie drum „sein“ ward, war er längst schon „ihr“,
er sprach noch gern von „meiner Frau, dem Lebenselixier“.
Und dieweil sie zärtlich dienend ihre Vorherrschaft ausbaute,
er in ihr nur die Zierde seines eignen, großen Seins erschaute.
Mit mehr sein als scheinen sie sein mehr Schein als Sein ertrug,
wahrt` er`s Gesicht und sie die Herrschaft ihrer Ehezeit, - wie klug!

Von der Wolllust

Gestern – wieder mal auf's Neue --
lobt` ich meine liebe Frau:
Sie sei Inbegriff von Treue,
geschickt und fleißig, zärtlich, schlau.
Sie sei wie ein stilles Wasser,
delphisch, tief, geheimnisvoll,
manchmal strahlend, manchmal blasser,
manchmal Dur und manchmal Moll.

Durchweg ist sie zart besaitet,
begeist`rungsfähig, herzensgut,
oftmals ihre Seele weitet
sich sogar in Liebesglut.
Dann gibt es für sie keine Zwänge.
Wenn ein Wunsch ihr Herz beseelt
löst sie Reserviertheits Enge
und verschafft sich, was ihr fehlt.

Neulich drangs aus ihrer Brust:
„Weißt du, was mich würd` beglücken?
Ich bin voller Wolle-Lust,
möcht` noch einmal lustvoll stricken!"

Ja, den Tick hat meine „Olle",
und dies stört mich sehr an ihr:
Sie erfreut sich mehr an Wolle
und am Stricken als an mir.

Ich tät alles ihr zuliebe
und ich liebte sie noch mehr,
wenn nicht die verstrickten Triebe
und nicht diese Wolllust wär`.

Begrenztheit

Einst bracht ein gnädiges Geschick
den Nachbarn „A." und „B." das Glück,
jeweils ein Eigenheim zu erben
und einen Garten zu erwerben.

Bislang war ihre Nachbarschaft,
-- nicht nah, nicht fern -- drum fabelhaft!
Anstatt nunmehr mit frohem Herzen
sich zu erfreu`n, mitnand zu scherzen
konnt` Nachbar „C." erstaunt bald schau`n:
Die beiden bau`n ja einen Zaun!
Derselbe ward stabil errichtet,
mit Stacheldraht hoch abgedichtet.

Herr A. pflanzt einen Apfelbaum,
der war noch in der Erde kaum,
da meint Herr B., der stünd` zu dicht
im Grenzbereich, das möcht` er nicht.

Frau B. misst nach, ruft mit Gezeter:
„Zu dicht am Zaun zwölf Zentimeter!"
A. sagt: „Der Baum bleibt, wo er steht,
ihr seid ja Spießer!", spricht`s und geht.

Der Baum, von allem Streit nichts wissend
und kühn die ersten Zweiglein hissend
beginnt nun über`n Gartenzaun,
sich in B.`s Garten hin zu trau`n.

Herr B. sägt ihn drauf kurzerhand
roh ab bis zu des Zaunes Rand.
Drauf hin der Streit noch eskaliert
bis man sich völlig ignoriert.

Des Gartens Wühlmaus hatt` indessen
des Baumes Wurzel abgefressen;
der welkte hin, war bald verdorrt,
A. grub ihn aus und warf ihn fort..

Der Streit hingegen grünte heiter,
-- noch leicht verstärkt – Jahrzehnte weiter,
nur eines fanden beide dumm:
man stritt und wusst` nicht mehr warum.

Permanent - Kritiker

Und da waren Sänger, die sangen ihr Lied
von Liebe, von Treu und von Glauben,
sie hofften, dass dadurch das Böse flieht,
doch sie sangen ins Leere vor Tauben.
Die Kritiker schauten, verstanden nicht,
verschlossen den Klängen die Ohren,
verstockt sprachen sie: „Wir wollen nicht,
solch alberne Lieder von Toren."

Und es malten Maler voller Inbrunst
Bilder in herrlichen Farben,
doch die Kritiker sagten: „Entartete Kunst!",
und die Künste erstarrten und starben.

Und ein Steinmetz schuf aus lichtem Gestein
eine Göttin aus Alabaster,
doch die Kritiker sprachen: „Was soll das schon sein,
ein Weibsbild, wahrscheinlich voll Laster."

Und ein Wanderbursch zog ins Land hinein,
macht` Rast zwischen Nelken und Rosen,
er leerte Flaschen mit Wermutwein,
aß Brot und Hering aus Dosen.

Und als er schließlich von dannen zieht,
lässt den Müll er unbedacht liegen.
Auf dem Rücken das Ränzel, auf den Lippen ein Lied
ist ins Gebirg er gestiegen.

Und die Kritiker kamen einher spaziert,
sie sah`n zwischen Nelken und Rosen
– wie`s ihnen dünkte – kunstvoll drapiert:
Flaschen, Plastik und Dosen.

„Dies ist", sprachen sie mit wichtigem Ton,
„die Kunst, die wir suchten vergebens,
in schlichtem Ambiente, doch in Perfektion
ein Sinnbild ursprünglichen Lebens."

Und sie bauten darüber aus Wortgestein
einen Tempel für Musen beflissen;
doch ich sah nur Müll ohne Glorienschein
und fand das Geschwafel be......... .

Mit Herz und Verstand mache ich mir mein Bild
nüchtern, doch ehrlicher, bunter,
Euer Geplapper, ihr Kritiker, mir wenig gilt,
rutscht mir doch den Buckel hinunter!

Gele(e)hrsamkeit

Der Lehrer lehrt die Kinder,
der Vater lehrt den Sohn,
der Zaub´rer leert Zylinder,
der Priester lehrt Religion.
Der Mönch, der lehrt das Fasten,
der Soldat leert seinen Spind,
der Postmann leert den Kasten,
die Mutter lehrt ihr Kind.
Die Tante leert die Tasche,
ein Lehrer lehrt Latein,
das Baby leert die Flasche,
den Trog, den leert ein Schwein.
Ein Philosoph lehrt Denken,
ein Musikus Musik,
es leeren sich die Schenken,
ein Professor lehrt Physik.
Es leeren sich die Gassen,
es leert sich mancher Saal,
wer Durst hat, leert die Tassen,
ein Chef lehrt's Personal.
Der Drescher leert's Getreide,
und ich leer meinen Krug,
der Krug und ich wir beide –
sind nun geleehrt genug.

Moderne Lyrik

Schön für Leser war'n die Zeiten,
wo -- ganz frei von Schwierigkeiten –
Dichtkunst sauber, edel, klar
sensiblem Mensch verständlich war.

Kunstvoll, Kopf und Herz erreichend,
sacht des Lesers Seele streichend,
spüret der mit allen Sinnen
Kraft in seine Seele rinnen.

Kultur entwickelte sich stetig
durch dichterische Schreibästhetik.
Epochen sah man kommen, enden,
Dichtkunst im Lauf der Zeit sich wenden.
Der Mensch hub an - arm an Ideen -
nach Möglichkeiten auszuspähen,
sein dichterisches Unvermögen
in eine neue Form zu legen.

„Verquorchelte“ Gedankengänge
entledigten sich aller Zwänge.
Das Dichten kunstlos, oft vulgär
ward ganz allmählich populär.

Die Lyrik solch moderner Art,
auch gegen Kritik sich verwahrt,
und jedem Leser suggeriert:
es ist der dumm, der nichts kapiert.
Und drum bestaunen viele... - leider!
des modernen Dichters neue Kleider.
Moderne Dichtkunst muss man loben!
Wer sie betreibt, der schwebt schon droben

in höchsten Sphären, neuen Welten,
er will, er kann, er muss was gelten.
Als Narzisst spielt er voll Arroganz
auf Sprachvulkanen auf zum Tanz.

Den kritikbangen Lesetoren
den schlagen sie um offne Ohren
die losen Sinn- und Wörterfetzen,
die Satzfragmente, und sie hetzen
den, der sich dem entgegenstellt
zurück in „antiquierte“ Welt.

Der Mensch wird – da er vorgeschädigt –
durch solche „Lyrik“ rasch erledigt;
denn deren Inhalt zu erfassen,
bleibt auch dem Leser überlassen.

Der duldet die Sprachbarbarei
und brütet aus das Kuckucksei.
Man lässt sich krümmen, treten, biegen,
nur um im „Dichtkunst-Trend“ zu liegen.

Ganz oben aus dem Himmelstor,
schau´n traurig Rilke, Schiller vor,
doch Goethe tröstet diese zwei:
„Macht euch nichts draus, das geht vorbei!“

Der Dichter

Den, der über ein Gedicht
sich gar lang den Kopf zerbricht,
um uns Schönes auszusagen,
Freude schenkt an vielen Tagen,
den, der geistig uns lässt speisen,
lasst uns hin und wieder preisen.
Denn, wer liest - denkt der daran,
wie der Schreiber einst begann?
Gedachte gar der Leser schon
nicht als Kommunikation
nur die Sprache einzusetzen,
sich in sie hinein versetzen,
kunstvoll fügen, kühn gestalten,
Zwiesprach mit sich selber halten?
Nicht leicht, doch man entwickelt sich,
so auch ich.
Als ich noch nicht reimen tat,
gab man mir den weisen Rat,
nicht auf fauler Haut zu ruhen
sondern etwas dichten tuen
so wie Mozart, Goethe, Liszt -
keinen Mist!
Klingt die Sprache so und schlichter
ist man wahrlich noch kein Dichter.
Schön sollt` ein Gedicht doch klingen,
wirr auch nicht die Verse springen,
bei dem Versmaß müsst` man zählen
und nur saub`re Wörter wählen,
weil für Kunst die Ordinären
nichts wären.
Dichten sei, wenn letzte Worte
lautgleich wär`n von einer Sorte.
Die sollt` man zu Sätzen fassen,
zudem müsst` der Inhalt passen,
vielleicht würd` später der seziert,
hin und her interpretiert.
Man kritisiere fundiert – auch schlichter(!) -
den Dichter.

Einst sucht` ich einen Reim für „Marsch“,
doch was ich fand, das klang zu barsch.
Schlecht war es auch beim Wörtchen „Hacke“,
was passte, hatte eine Macke.
Gut ist dagegen das Wort „Bier“,
drauf reimt sich viel – wie „Tier“ und „Stier“,
wählt man statt „Bier“ „Berliner Weiße“,
sitzt man schon wieder in der Klemme.

Das Beschreiben einer Reise
ist recht günstig und wirkt weise.
Auch das eigne Nest beschmutzen
bringt oft – je nach Trend - viel Nutzen.
Günstig ist, wenn man Latein
kunstvoll fügt ins Sprachwerk ein.
Nicht nur unsre Alltagsplagen
soll man im Gedicht beklagen.
Besser ist: Niveau zu heben
auf das geistig hohe Leben.
Wirkungsvoll, wenn aus den Strophen
Weisheit spricht von Philosophen;
mittels Klugheit großer Geister
wird man schließlich kleiner Meister.

Nun, da ich die Lernsequenzen
absolvierte und die Grenzen
hoher Dichtkunst überschreite
dienstbeflissen Kenner leite
hin zu diesem Kunstgenuss,
hoffen die: Wär` doch bald Schluss!
Dies befürchtend bitt` ich nun
gütigst ein Aug zuzutun.
Ist schon „Dichter werden“ schwer,
... „Dichters Richter sein“ noch mehr.

Buchstäblicher Zwist

Mir träumte einstens, dass sich stritten,
Vokale, mit den sprachverwandten
– von ihnen duldend nur gelitten –
den tonloseren Konsonanten.

Vokale:
W i r gaben erst der Sprache Leben,
durch uns lernte der Mensch lautieren,
nur uns gebührt das Tonangeben,
uns steht es zu, das Dominieren!
W i r sind der Kern von Wort und Satz,
sind - sprachlich - Lotsen wie auch Riffe,
steht wer von uns an andrem Platz,
so ändern sich die Wortbegriffe.
Dann wird aus „Most“ gar schnell ein „Mist“,
aus „Uhren“ - „Ohren“, aus „Last“ wird „List“,
aus „Tusch“ wird „Tisch“,
aus „Himmel“ - „Hammel“,
aus „Frosch“ wird „Fisch“,
aus „bimmel“ - „bammel“,
aus „Rand“ wird „Rind“,
aus „Boss“ wird „Biss“,
aus „Wand“ wird „Wind“,
aus „Schuss“ wird „Schiss“.
Kurzum, ihr schlichten Sprachverwandten,
ihr mitlaufenden Konsonanten,
ob vorne- oder hinterdrein -
ihr könnt halt nur Begleiter sein.

Die Mitlaute, die hauchten leise:
„Ihr seid nur Schreier, wir sind weise.
Entscheidend ist, an welchem Ort
der Konsonant steht in dem Wort.
Schreibst du ein „R“ statt „S“ bei Segen,
wird aus demselben das Wort „Regen“.

Ersetzt man ,,B“ durch ,,F“ bei Brust,
erhältst statt „Brust“ du nun den „Frust“.
Schreibst du ein „F“ statt „k“ bei „kurz“,
entsteht ein völlig andres Wort,
und lässt du „B“ bei „Barsch“ mal aus,
wird inhaltlich was andres draus.
Vokale, eure Eitelkeit
bringt ohne uns, euch auch nicht weit.
Nichts ist ein Herr, fehlt ihm der Tross,
durch Kleines wird erst Großes groß.

Es waren nach dem kleinen Streit,
die Laute alles Streiten leid,
trotz kleiner inhaltlicher Schrammen
steh´n unverändert sie zusammen
zittern – in Übereinstimmung –
vor Reformen in der Rechtschreibung.

Das Verb

Stolz ob seines wicht‘gen Platzes
um den sich schier alles dreht,
Kern und Achse eines Satzes. - -.
- das Verb im Mittelpunkte steht.

Träger eines jeden Handelns,
Zustands, Vorgangs, Tätigkeit,
ist das Verb als Wort des Wandelns
in der - durch die - Zeit bereit.
Ach, was hat es viel zu schaffen:
essen, trinken, laufen, ruh´n,
lesen, schreiben, hören gaffen,
.... Verb steht für ein jedes Tun

Das Stehlen, Lügen, Prahlen, Hassen,
steht dem Verb nicht zu Gesicht
auch Drohen nicht und Saufen, Prassen,
drum schreib‘ ich‘s groß, „man tut‘s“ ja nicht!
Regiert das Verb jedoch auch hier,
so liegt der Fehler wohl bei Dir.

Ableitungen

Abgeleitet sagt ein Nomen
„adjektivisch“ - wie es ist,
wobei Nomen oft ein Omen,
- „mistig“ ist zum Beispiel Mist.
„Steinig“ ist entlehnt dem Stein,
„waldig“ kommt von Wald,
„schweinisch“ ist gar manches Schwein,
„gewaltig“ die Gewalt,
„eisig“ fühlt sich an das Eis,
„windig“ ist der Wind,
„weißlich ist ein jedes Weiß,
„kindlich meist ein Kind.

Herr ist „herrlich“, doch hierbei
woll‘n wir nicht berichten,
wie wohl eine Dame sei,
auf dies Wort verzichten.
„Flüssig“ aber ist ein Fluss,
„saftig“ ist der Saft,
„nussig“ schmeckt die Haselnuss,
„kräftig“ kommt von Kraft.

Wie gezeigt, die Eigenschaften,
mit den Nomen eng verwoben,
bleiben an denselben haften,
wenngleich manchmal auch verschroben,
denk zum Schluss ich: Wär´ das fein,
würd‘ der Mensch stets menschlich sein.

Ballade von Vokal- und Wortentstehung sowie der „Wortvergehung“

Als sich der Mensch vom Tier gelöst,
erkannte er, dass er entblößt.
Erstmalig jetzo aufrecht gehend
ward er für diese Blöße sehend.
Dann sah er SIE, und sie sah Ihn
- so herrlich femi-, maskulin!
Es ward um beider Herz so froh,
und ihrem Mund entfleucht‘ das **O.**
Und Mensch - wie Menschin - aufgericht‘
den Körper und ihr Angesicht...,
sie sah‘n jetzt Sonne und den Mond
dort oben, wo ihr Herrgott thront,
der ihrem Wohl einst wohlgesonnen,
doch dessen Worte drohend grollten,
weil sie getan, was sie nicht sollten.

Als Adam um Vergebung schrie,
entfloh dem Mensch das erste **I.**
Als er erneut sich aufgericht‘,
sieht er des lichten Himmels Licht,
vergisst im Anblick der Gestirne
das Paradies nebst Apfel, Birne,
nimmt Dorn und Distel duldend hin.
Doch mit der Zeit wird trüb sein Sinn,
und traurig und mit Herzensweh
entfleucht aus beider Mund das **E.**

Er entdeckt die Erde, das Meer, die See,
bewusst des Lebens Odyssee,
der Seele Weh, erfährt Belehrung,
Glücksfee´s Segen - auch Entbehrung,
erlebt Stetigkeit und Schicksalswende,
er fühlt den Schmerz, das Elend, ahnt das Ende,
sagt zu dem Leben trotzdem klar ein „Ja“
und nutzt nun gern den Selbstlaut **A.**

Man gab sich und allen, die dann kamen,
fortan mit „A“ sich häufig Namen:
Adam, Eva, Abraham,
zum Patriarch die Sarah kam,

Rebecca, Jakob, Isaak,
Noah, Arche, Ararat.
Man sprach von Monat, Jahr und Tag,
von Klage, Plage, Stundenschlag,
mal sprach man A recht kurz wie Lamm,
wie All, wie Schall, wie Stamm, wie Kamm,
mal lang wie Tara, Schar und Haar,
wie Euphrat, Paar und wie Altar. -

Dann, später, sagt´ der Mensch: „Wozu
sagt Mensch zum Mensch nicht einfach „Du" ?"
Der Mensch setzt ein zu diesem Du
das bislang kaum benutzte **U.**
Nun konnt' er sprechen, rufen, fluchen,
ruhen, tuen, gucken, suchen,
schuf Wörter wie: Flut, Gut, Schuh,
und Nudel, Sprudel, Hund und Kuh. -
Viel später, die Sprache los im Munde,
gab er der ganzen Seinswelt Kunde,
dass er - Beherrscher der Phonetik
mit Lautvielfalt und Sprach-Ästhetik
- als einzigartig auf der Erde -
zu einem Gott nun wachsen werde.
Gleich himmelan wollt' dieser Wurm
empor nun wachsen mittels Turm.
Gott zürnte über diese Sachen,
die dieser Menschwurm sucht zu machen,
nahm die dem Menschen nun bekannten
Vokale wie auch Konsonanten.
Er rüttelt' sie,
er schüttelt' sie
und warf sie kunterbunter
nebst Baugestein hinunter.
Und all´ - ob große, kleine
Laute, Wortbausteine,
die hatten sie verloren,
die Menschen, diese Toren!

Aus Zeichen- Lautschlamassel
bau'n sie am Sprachenpuzzel,
aus Zeichenarsenalen,
Mitlauten und Vokalen
ein neues „Sichverstehen".
Ach, möge dies geschehen!

Pronomen

Ob „er“, ob „es“, ob „wir“, ob „sie“
- im Handeln, Sprechen, Denken...-
wir lassen uns durch die Regie
des Fürwort‘s zumeist lenken.

Der kränkelnd mitmenschliche Part
zeigt oft in den Symptomen
des Krankheitsbildes eine Art
„meinseitiger“ Pronomen.

Man kennt zwar „Mein und Dein“ genau
und niemand will betrügen,
doch wenn`s ihm nutzt möcht` mancher schlau
das „Dein“ zum „Mein“ verbiegen.

So schiebt er gern ein „Mir“ vor‘s „Dir“,
ein „Uns“ vor´s „Euch“, das „Mich“ vor´s „Dich“,
das „Mein“ vor‘s „Dein“, das „Wir“ vor‘s „Ihr“
im Grund dreht alles sich um‘s „Ich“.

Gefühle

Wer mag sich heute noch erdreisten,
zu sagen, was er wirklich meint?
Wer kann sich noch Gefühle leisten,
wes Herz und Zunge sind vereint?

Das „Maske-lüften“ nie riskieren!
Niemals sich eine Blöße geben!
Man könnte das Gesicht verlieren,
als Mensch verkannt, unwirklich leben.

Das Substantiv

Einen Namen hat schier alles das, was ist, was war,
und neben dem ihm zugedachten Laut,
– mit dem er klanglich sich stellt dar –
ist er buchstäblich klar fixiert und aufgebaut.

Sobald dies schriftlich oder sprachliche Genannte
des Adressaten Auge, Ohr passiert,
sieht der das Wort, das ihm der Sender nannte
als Bild erkennbar dechiffriert.
Das, was er als Konkretes hörend, sehend nun erfasst,
vermag, dass er in seinem Tun,
bewegt wird, dass er liebt, sich freut - auch hasst,
dass es ihn aufwühlt, schaffen lässt und ruhn.
Dies kann gescheh'n:
- durch Gattungsnamen: „Baum", „Wald", „Vater", „Mutter"
- durch Eigennamen: „Eva", „Deutschland", „Rhein",
- durch Sammelnamen „Berge", „Täler", „Brote", „Futter",
- durch Stoffnamen wie „Silber", „Gold" und „Edelstein".

Abstraktes, lässt ihn gleicher Art bewegen,
er fühlt bei diesen Nomen innerliches Regen:
bei - Eigenschaften: „Schönheit" und „Anmut",
bei - Tugenden, wie „Güte", „Liebe", „Edelmut",
bei - Tätigkeiten: „Gesang", „Geschrei", und „Schlag",
bei - Zeitabschnitten: „Woche", „Stunde", „Tag",
bei - Wissenschaften: „Sprache", „Philosophie",
bei – Seelen-Kraft wie „Phantasie".
Von allen Subjektiven, welche Menschen kennen,
da werden sie – befragt, was ihnen bestens wohl gefällt –
wohl „Güter", „Macht" und „Anseh´n" nennen,
„Gesundheit" und „Genuss" und „Geld".
Wie gut wär' es, wenn man sich nur beschiede,
auf „Geborgenheit" und „Liebe", „Friede".

Der böse Brief

Wenn jemand dich verletzte tief,
dann schreib ihm einen bösen Brief!
Teil jenem mit, er sei bekannt:
- bereits ringsum als Querulant,
als Mensch von niedrem Bildungsstand,
des Herz eiskalt, des Hirn verbrannt,
ein Egoist der ersten Klasse,
und dessen große Körpermasse
im Gegensatz zum Geist wohl stände,
in ihm das Schlechte sich verbände
zu einer höllischen Allianz,
auf der ein Teufel spielt zum Tanz.
Und sag ihm schließlich unverhohlen,
es möge ihn der Teufel holen!

Ist dann der böse Brief beendet,
wird er nicht sogleich abgesendet.
Man legt die eigne Sicht vom Streite
zunächst in Ruhe mal beiseite.

Es meistens noch drei Tage braucht,
bis dass der größte Zorn verraucht.
Dann blickt man durch den schlimmen Brief,
verbessert, was stilistisch schief,
auch streicht man dieses, jenes Wort
wie „Teufel", „Querulant" man fort.

Nachdem der Inhalt sich gewendet,
lohnt sich`s nicht, dass er wird gesendet,
denkt gar am nächsten Tag entzückt:
„Wie gut, dass er nicht abgeschickt!"
Und sieh..., oft schon nach einem Jahr
der „Feind" ein guter Freund dir war!

Statussymbole

Unterscheiden sich auch Menschenrassen
- phänotypisch, kulturell -,
sich erheben aus den Massen,
hierzu jede Chance erfassen
suchet jede, jeder schnell.

Seit jeher wollt der Mensch sich schmücken
mit Muscheln, Gold, mit Walrossknochen ...,
triebhaft möcht` er nach oben rücken,
den Nächsten hin zum Dienen drücken
und Brei auf fremdem Herde kochen.
Heut gilt Distanz zu Urkulturen!
Nicht Magd, nicht Kuli, Arm und Reich!
Verkalkte „Herr-und-Knecht-Strukturen"
sind lebensfremd in Neuzeits-Fluren,
im sozialen Staat sind alle gleich.

Das alte Bild vom Herrn und Knecht
möcht` man verbal nun übertünchen.
Zum Sozialempfinden passt es schlecht,
humanes Denken fordert Recht,
entgegen unsres Machttriebs Wünschen.

Doch im Gebrauch des Wörtchens „mein"
kann Wille schon zum Herrschen liegen.
Ist meine Putzfrau wirklich mein?
Wahrt sie nicht meines Wertes Schein,
soll der nicht durch sie schwerer wiegen?

Mein Gärtner, meine Putzfrau, meine Reisen,
mein Arzt, mein Wagen und mein Geld ...,
ich pfleg` am Tafelkopf zu speisen,
muss durch die Schale mich beweisen,
da mir mein Kern selbst nicht gefällt.

Verhüllt das Sein in buntem Schein
tanzt man wie eh um goldne Kälber.
Dies leicht gesproch`ne Wörtchen „mein"
enthüllt nun unser wahres Sein -
Tänzer und Kälber
sind wir selber.

Jeder trägt sein Päckchen

Ein jeder trägt bei sich ein Päckchen
ob es leicht ist oder schwer,
in dem Herzen bleibt ein Eckchen
nur für solche Lasten leer.

Was darinnen man mag tragen
ob an Lust, an Kummer, Freud
braucht man niemandem zu sagen
höchstens Arzt und Therapeut.

Mancher möcht` Beachtung finden,
macht das Päckchen zum Paket,
jammert laut trotz Wohlbefinden,
putscht hoch auf Banalität.

Schaut man hin, sind`s Luftballone
prall gefüllt zwar, doch mit Luft,
die wie eines Schaumes Krone
als ein Nichts in sich verpufft.

Andre tragen schwerste Bürden
diese frei von eig`ner Schuld,
ohne dass sie klagen würden,
leiden still sie in Geduld.

Sich der Lasten schnell entwinden
möcht man zwar, doch glaub ich fast,
jeder braucht zum Wohlbefinden
neben Leichtigkeit auch Last.

Die jedoch muss angemessen
jenem Mensch sein, der sie trägt
bei mir könnt man sie vergessen,
weil mein Herz sie schlecht verträgt.

Kummer und Freude einer etwas zu vollschlanken Dame

Einst entsprach ich klar den Normen
hinsichtlich der Körperformen,
fast genau den Idealen,
die gewünscht bei den „Miss-Wahlen."
Schön war ich, und sehr viel Männer
– Burschen, Greise, Herren, Penner –
verschlangen förmlich mich mit Blicken
voll Begehren und Entzücken.

Als mein Körper sich vollendet,
die Beachtung ab sich wendet.
Vieles, was sonst schlank und rassig
ward allmählich feist und massig.
Rasch ging die „Vollendung" weiter:
Der Bauch ward dick, das Becken breiter.

Die Waage, fand ich, wog nicht richtig,
sie zeigt` mich fälschlich zu gewichtig.
Der Spiegel, den ich aufgesperrt,
zeigt mich zu wuchtig, breit verzerrt.
Die Rolle rings um meinen Bauch
gleicht einem aufgeblas`nen Schlauch,
jedoch gefüllt mit Fleisch und Speck.
Wie krieg ich bloß das alles weg?

Ich klag den Kummer meinen Mann,
der schaut wie eh mich zärtlich an:
„Mit Herz und Augen seh` ich dich",
sagt er, „ich find dich königlich.
Kein Gramm möcht` ich je von dir missen,
mehr noch, ich möchte jedes küssen!
Du bist so voll Vitalität,
meid` darum, bitt ich, die Diät!"

Drum lass ich ihn gern – voll Vertrauen! --
nach gertenschlanken Frauen schauen.
Mit seinem richtigen Geschmack
durchschaut er schnell den Model-Lack.
Welch Glück ein lieber Ehemann
vollschlanker Gattin schenken kann!

Von der Dankbarkeit

Als Mathilde fast ertrank,
war Willi da, und Gott sei Dank
zog er sie heil heraus auf's Land,
was er als selbstverständlich fand,
obgleich er selber war kein Schwimmer,
doch Willi half stets gern und immer.

Als es beim Nachbarn Müller brannte,
er ganz spontan zur Hilfe rannte,
holt den gelähmten Müller raus,
löscht mit den andern Flammen aus,
trotz seiner vielen Wunden,
Brandblasen, Schnitten, Schrunden.

Des Nachbarn Hund fiel in den Schacht,
der wohl als Brunnen war gedacht.
Dort hört man seit zwei Tagen
das Tier laut jaulen, klagen.
Doch niemand traut sich zu dem Hund
hinunter auf des Schachtes Grund.
Da seilt sich Willi runter
und sieh, bald taucht er munter
mitsamt dem Tier ans Tageslicht.
Als man ihn lobte, sagt er schlicht:
„Ich tat nur meine Menschenpflicht."

Sein Heimatort war schön, jedoch
droht diesem einst ein Haushaltsloch.
Im Rat gab es ein groß Geplärre,
dem Städtchen droht die Haushaltssperre.
Der Kämm`rer hatt` zu seinem Jammer
nichts mehr in seiner „Fiskus – Kammer".
In dieser finanziellen Not
macht Willi nun ein Angebot:

Er vermacht in seinem Edelmut
der Kleinstadt all sein Hab und Gut.
Der Bürgermeister und der Rat,
ja alle Menschen in der Stadt,
sie sind des Lobes voll, gerührt,
bereit, ihn hoch zu ehren.
Willi will sich noch wehren,
doch grad an seinem Ehrentag,
trifft ihn der Schlag.

Der Bürgermeister und der Rat
und alle Menschen in der Stadt,
sie fragen sich: Was nun?
Wo soll denn dieser Arme ruhn?
Wer zahlt Bestattung, wer den Sarg?
Man war betreten und wortkarg.
Die Bestattung nach zwölf Tagen
erfolgte ohne lautes Klagen.
Sie fand im engsten Kreise statt.
Der Rat und Bürgermeister hatt`
viel wichtige Termine -
... sagt man mit ernster Miene.
Der Kämmerer und andre Leute,
sie sagten: „Ausgerechnet heute
hab ich für Willi keine Zeit,
dies tut mir ganz gewiss sehr Leid!“

Nur Pfarrer Schwarz und Küster Schmidt
sie gingen mit der Urne mit.
Doch hoch im Baum die Drossel sang,
und aus dem wehmutsvollen Klang
schwang für das Winterfutter Dank,
und wie versöhnt in Frieden sank
durch Schmidt die Urne still hinab
in Willi`s kleines Armengrab.

Das Alter nimmt ...

Dass man das Altern auch erlebt
ist etwas, was man gern anstrebt.
Doch ist`s dem Alter vorbestimmt,
dass es viel Gutes von uns nimmt.

So fehlt schon Elastizität,
wenn man des Morgens früh aufsteht.
Man fühlt es deutlich bei dem Bücken:
Bandscheiben ächzen weh im Rücken.

Der alte Oberschenkelknochen
wird – wie mit dem Chirurg besprochen –
ersetzt, einfach heraus gesägt,
ein Kunststoffknochen fortan trägt.

Die gesunden Zähne, diese weißen,
sie mussten früh ins Gras schon beißen,
sind gar zum Altern nicht gekommen,
weil sie der Zahnarzt raus genommen.
Die einst so klaren, scharfen Augen
jetzt fast nur noch zum Fernsehn taugen.
Die Ohren hörten einst famos,
heut sind sie lediglich bloß groß
und hören nur noch mühevoll
just das, was man nicht hören soll.

Auch das Gedächtnis zeigt voll Tücken
bei Namensuche große Lücken,
geschlechtlich relevante Dinge,
ich gar nicht erst zur Sprache bringe.

Erwähnen muss zum Schluss ich auch
des Körpers Mittelpunkt, den Bauch.
Hier zeigt das Alter sich spendabel,
er wölbt sich vor, und nur der Nabel
hält als Vertiefung sich zurück,
doch alles andre ist zu dick.
Hier hat das Alter mit Bedacht
an mag`re Zeiten wohl gedacht.
So schenkt des Alters Dicklichkeit
ein wohlig Maß an Tröstlichkeit.

Altern

Brüchige Fassade,
ächzende Balken,
versackende Fundamente,
hinab gleitende Ziegel,
zersplitternd
auf bröckelndem Boden.

Schwachgelbes Licht,
vom Nochleben zeugend,
flackert am Abend
durch blinde Scheiben.
Dünner Rauchfaden
des schrägen Kamins
steigt blass und kalt
hinauf
zu lockenden Sternen.

Ermunterung

Auf, ihr jammerfrohen Alten,
grübelt euch nicht in die Schmerzen,
wischt hinfort die Kummerfalten,
lernt noch mal wie Junge herzen!

Mischt euch mittig unter Jugend,
lacht wie einst in Lebens Mai,
achtet nicht mehr auf die Tugend,
mit der ist es eh vorbei!

Es herbstet

Es herbstet, und dein Kopf verliert nun auch schon graue Haare.
Sie fall´n wie Blätter – nur nicht bunt – und nicht vom Baum,
schon angstvoll viel, die Anzahl deiner Jahre,
du fühlst dich leer, stehst wie im Warteraum.

Es herbstet, und du hast mehr Zeit,
noch spürst du Kraft, sie sinnvoll totzuschlagen,
ein Stück voraus ahnst du die Ewigkeit,
und dies Gespür liegt drückend dir im Magen.

Es herbstet, und du fühlst die Kühle,
dein Jahrgang leert sich eh dir`s recht bewusst.
Beim Blick zurück zieh`n die Gefühle
der Sehnsucht weh durch deine Brust.

Es herbstet, du – wie die erwähnten Bäume -- ,
ein wenig traurig steht ihr – doch noch fest wie einst.
Nutz´ bis zum Frost die Frist durch Träume,
vielleicht wird schöner sie, als du jetzt meinst.

Menschlicher Alterungsprozess - exemplarisch betrachtet am Beispiel des Mundes

Mündliche Betrachtung

Es ist wahrlich eine Lust,
Babys Mund an Mutterbrust
anzuschau`n, und wie mit Kraft
kleiner Mund saugt Lebenssaft.
Ein Rülpser – sonst zu recht verpönt –
wird hier zum „Bäuerchen“ verschönt.
Egal ob spucken, lachen, lallen,
das, was der Mund macht, wird gefallen!
Erster Schmerz wird dann vernommen,
wenn die kleinen Zähnchen kommen.
Sie sind – ich finde das famos –
so wie die zweiten kostenlos.
Mit denen wächst der Mensch heran,
als Frau, als - respektive - Mann.

Der Mund muss atmen, sprechen, singen,
essen, doch vor allen Dingen
ist des Mundes Sinnlichkeit
wichtig in der Paarungszeit.
Wenn im Mensch die „Eros-Triebe“
wecken seine große Liebe
und zum Partner es ihn drängt,
er sich dicht an diesen zwängt,
folgt – als Kernpunkt des Genusses –
das Erleben eines Kusses.
Zähne perl-weiß, Lippen rot ...
ein verlockend Angebot,
um im jugendlichen Schwunge
- ob als Mädchen oder Junge -
ohne fremdbestimmtes Drängen
nur den hormonellen Zwängen
allzu willig nachzugeben

im beglückten Liebesleben.
Schwindet später Leidenschaft,
beginnt oft das, was Leiden schafft.
Wenn Zahn der Zeit an Zähnen nagt
ist Küssen weniger gefragt.
Selbst beste Körper- Mundhygiene
ersetzen - alternd - niemals jene
hormonellen Kleinigkeiten,
die zum Küssen hin verleiten.
Wenn Küssen schließlich lästig ist,
folgt meist der Gang zu dem Dentist.
Der Mund, einst voll von weißen Zähnen,
zeigt nun beim Sprechen oder Gähnen
neben Stümpfen oder Lücken
und herausnehmbaren Brücken,
amalgamverstärkte Reste.
Zahnarzt meint, es sei das Beste
gleich von Anfang an gewesen:
oben, unten Vollprothesen.

Zahnersatz, meist schlecht versichert,
zwar durch Kukident gesichert,
tilgt, zumal er sündhaft teuer,
letzten Rest vom Liebesfeuer.
Drum wird das Küssen, glaub ich fast,
im Lauf der Jahre doch zur Last.
Von Lust aufs Küssen keine Spur,
fragt man sich gar: Wie konnt‘ ich nur?

So bleibt vom kussbesess`nen Schwung
im Alter nur Erinnerung.
Es sei denn, der betagte Mann
fängt noch mal mit `ner jungen an.
Doch die will von den Liebesküssen
des alten Herrn nicht viel mehr wissen.
Drum, Mann, lass die Natur still walten
und bleibe treu bei deiner ... Frau

Rentnerschwemme

Deutschlands Aufbau war nicht leicht
bis das, was heute ist, erreicht.
Hart war`n Sechzig-Stunden-Wochen
voll Dauerstress für Seele, Knochen.

Mit Fahnenstoff, mit alten Decken
galt es die Blöße zu bedecken.
Heizöl gab's nicht, kaum Brikett,
hungrig ging`s ins kalte Bett.

Magre Männer, Trümmerfrauen
begannen Deutschland aufzubauen,
entsagungsreich mit Kraftaufwand
zu einem Wirtschaftswunderland.

Neben opfervollem Mühen
galt´s auch die Kinder aufzuziehen.
(Heut` spüren Playboys und Emanzen
oft wenig Lust, sich fortzupflanzen.)

Doch Rentner, zäh, einst aufbaustrebig,
erweisen sich als längerlebig
als man gedacht und kalkuliert,
man unterschätzt', was graumeliert.

So waren Korn- und Butterberge –
als Problem betrachtet - wahre Zwerge
verglichen mit den Rentnermassen,
die den Arbeitsplatz verlassen.

Geld, das sie in Rentenkassen
lange haben fließen lassen,
woll`n sie von jenen, die's verwalten,
vertragsgemäß zurückerhalten.

Dadurch bringt die Rentnerschwemme
des Staates Kasse in die Klemme.
So ist es manchem Rentner eben,
peinlich fast, noch lang zu leben,
- und mal erst die Rentnerinnen,
die woll`n wohl gar nicht erst von hinnen,
um sie, da ist es allen bänger;
sie leben ja statistisch länger.

Gestattet dennoch, dass ich leise
auf Rentners Leistung sanft hin weise.
Gönnt uns die Ruhezeit ! – allein –
muss dies nicht auf dem Friedhof sein.

Wenn Mann altert

Die Glatze wächst zum „Hinterhaupt',
sein Geist hat Platz und Zeit zum Wachsen.
Fern liegt, was einst er sich erlaubt:
jugendliche Späße, Faxen.

Ihn quälen nicht mehr Eros -Triebe.
War einst beim „Sex" er Aktivist,
so wird in ehelicher Liebe
er mehr und mehr nun zum Statist,
der lustverarmt und frei von Zwängen
trotz Bangen - doch voll Zuversicht –
nur nach des Weibes scheuem Drängen
erfülltet seine Ehepflicht.

Doch ab und zu, an Sommertagen,
wenn Mädchen leicht betucht lustwandeln,
möcht` er es doch noch einmal wagen
mit ihnen zärtlich anzubandeln.

Er unterbricht den Weg zum Greise,
betrachtet Mädchen hochbeglückt:
in Blusen wogt`s wie Götterspeise,
auch Po und Taille ihn entzückt.
Er sieht im Geist sie „oben ohne“.
Ach, dürft er einmal nach ihr haschen!
Da naht sein Weib - schon ganz „Matrone“
bepackt mit schweren Einkaufstaschen.

Er schaut auf die reale Welt,
auf seine schleppende „Matrone“,
die, körperlich recht wohlbestellt,
ist „oben ohne“ auch „nicht ohne“!

Sie sieht voll Mitleid ihn dort stehn:
gedrungen, dick, wie eingestaucht,
und als er naht, sieht sie beim Gehen,
wie sehr das Alter ihn doch schlaucht.

„Wie er“, denkt sie, „kann mancher Mann
an Liebe nur noch denken,
stets will er mehr, als er noch kann,
er muss sich halt beschränken!“

„Ob et“ – denkt er, „wall Pillen jütt,
durch die dat kütt, wat nit mieh kütt?

Vom Küssen–müssen

Glaubst du, dass ich nicht mehr wüsste,
wie ich voller Liebeslüste
dich einst an der Nordseeküste
auf den Mund so innig küsste?

Wie du mich so zärtlich necktest,
deinen Körper nach mir strecktest
mich dann fürchterlich erschrecktest,
weil du so nach Knoblauch schmecktest?

Ja, da hab ich spüren müssen,
dass die Sache mit dem Küssen,
dann wird unerwartet brüchig,
wenn dieselbe leicht anrüchig
und man küsst nur einen Kuss,
weil man`s – anstandshalber! – muss.

Alter schützt vor Torheit nicht

Ein Mann,schon lange Großpapa,
dicklich, mit weißen Haaren,
fand, wenn er junge Damen sah,
sich noch in „besten Jahren“..
Einst sah er eine junge Maid,
die, wenn er sie anblickte,
ihm seltsam, fast mit Zärtlichkeit
strahlend stets zunickte.

Er sucht mit Crem`s und vielen Pillen
zu stoppen Alterungsprozesse
und richtet Körper, Geist und Willen
auf spät-erotische Exzesse.

Es schwanden Renommierbeschwerden,
sein Kreuz ward grad und schlank der Bauch,
er fühlt` sich immer jünger werden,
und jene Maid, bemerkt das auch.

Sie staunt`, wie metamorph verwandelt
er federleichten Schrittes ging,
und wie er zart mit ihr anbandelt,
mit Charme und Worten sie einfing.
„Dass ich Ihnen recht viel bedeute,
weiß ich“, sagt er, küsst ihre Hand,
„darum gesteh` ich ihnen heute,
wie sehr mein Herz für Sie entbrannt.“

Die Maid schaut ihn errötend an
und zog ganz sacht die Hand zurück.
Sie sagt: „Mit einem jungen Mann
erhoffte ich mein Eheglück.

Sie sind, mein Herr, gewiss galant
und männlich gar nicht ohne,
jedoch, ich gab schon meine Hand
Ihrem Enkelsohne.

Hier wär mein Bänkelsang zu Ende,
doch später habe ich vernommen,
es hätt` die Maid nach inn`rer Wende
dann doch den Großpapa genommen.

Nachtrag:
Die Ehe wohl zu glücklich war,
entkräftet starb er balde schon,
und sie nahm nach dreiviertel Jahr
- alleinerbig – den Enkelsohn.

Schlussfolgerung:
Scheint dir am Abend Morgenlicht,
bedenk`, wenn du dein Leben lenkst:
Das Alter schützt vor Torheit nicht,
und du bist älter als du denkst.

Der Fromme

Weil nach dem Himmelreich er strebte,
er kirchen- gottesfürchtig lebte.
Dort oben, hofft er, nach dem Sterben
ein sichres Plätzchen zu erwerben.

Als es so weit war - am Himmelstor
stellt er – wie folgt – sich Petrus vor:
„Ich war ein fleiß`ger Kirchengänger,
im Kirchenchor der treuste Sänger,
mied Alkohol, hab nie geraucht,
niemals ein böses Wort gebraucht,
hab keinen Menschen je belogen
und das Finanzamt nicht betrogen,
mied übermäßigen Genuss,
gab keiner Frau jemals `nen Kuss
geschweige – diesbezüglich -- mehr,
hier bin ich, Petrus, bitte sehr!"

Des Petrus Stimme tönte mächtig
als er bemerkte: „Höchst verdächtig!
Ein solch Subjekt steckt Gott – ich wähne –
zunächst einmal in Quarantäne.
Wozu ließ Gott – glaubst du – gedeih`n
die Früchte und den edlen Wein?
Er hat nicht Mann und Frau erschaffen
damit sich diese nur angaffen!
Du solltest unten auf der Erden
erst Mensch, danach hier Engel werden!
Warum hast du auch nicht probiert,
wie man als Mann sein Herz verliert?"

Der Fromme, der`s doch gut gemeint,
hätt` ob der Schelte fast geweint,
musst später noch einmal zur Erden,
um dort als Mensch zum Mensch zu werden.

Was sollen wir aus all dem schließen?
Zunächst: das Leben zu genießen,
hier wird man sich befassen müssen
auch mit dem ungewohnten Küssen,
vielleicht bekommt wer dann und wann
an solchem Tun noch Freude dran.
Bei Spannung sollte er versuchen,
ob die sich löset mittels Fluchen.

Alkoholgenuss muss zwar nicht sein,
doch ab und zu ein Gläschen Wein.
Es bleibt die Steuerehrlichkeit
ein wicht`ger Schritt zur Seligkeit.
Hier dürfen nur die wahrhaft Reichen
getrost vom Pfad der Tugend weichen.
Sie kommen dennoch in den Himmel.
Ein sündenvolles Festgetümmel
im himmlisch-bunten Staatsgebiet,
ein Separee in einer Suite
ist ihnen lieb, mit andern Bösen
gelinget nunmehr das Sich-lösen
aus des Gewissens letzten Klammern ...,
doch du und ich, wir Gute, jammern,
man sagt uns einfach kurz und bündig:
„Ihr ward und werdet niemals sündig,
und solchen“ – uns hat`s sehr verdrossen –
„bleibt der Himmel gut verschlossen!“

„Junge“ Liebe – alte Sorgen

Es hatte mich schon `was verwundert,
dass jetzt – wo ich nun schon fast hundert -
der Tod - auf Alte sonst fixiert -
wie`s schien, mich völlig ignoriert.
Drum fing ich als noch rüst`ger Mann
ganz ungeniert von vorne an.

Zuerst hab ich nach einer Braut
mich allenthalben umgeschaut.
Betty, die ich ausgesucht,
war vierundachtzig, gut betucht
und sofort auch einverstanden,
dass wir knüpften feste Banden.
Wir heirateten im kleinen Kreis,
ich im Smoking, sie in Weiß
und luden ein zu mir daheim
drei Kinder aus dem Altersheim,
vier Enkel, die schon pensioniert
bereits selbst Opas, grau-meliert.

Wir beide fühl`n uns gar nicht alt,
sind ineinander ganz verknallt.
Betty – mein flottes Eheweib -
verwöhn` ich gern als Zeitvertreib.
Sie nimmt, was unser beider Wille,
vorsichtshalber auch die Pille.
So hoffen wir, auf dieser Erden
zärtlich liebend alt zu werden.

Doch bedrückt`s mich unermesslich,
Betty könne, da vergesslich,
die Pille einfach mal nicht essen,
vertauschen oder schlicht vergessen.
Wie soll`n wir Alten dann auf Erden
mit einem Kleinen fertig werden?

„Freunde“

Ein Mensch – ich nenne ihn hier Peter,
ein Luftikus und Schwerenöter,
sprach einst zu mir voll Hinterlist:
„Weißt du, dass du mein Freund noch bist,
mein bester schon seit Kindheitsbeinen?“
Er hub vor Rührung an zu weinen,
erklärte mir dann weit und breit,
wie er gerutscht in schlechte Zeit,
rückt schließlich mit der Bitte raus:
... „vier Hunderter, die reichen aus!“

Er gäb` das Geld auch in vier Wochen
zurück, so hat er fest versprochen,
die Patentante läg` im Sterben,
von dieser würde er viel erben.

Verronnen kaum der Wochen vier,
stand er tatsächlich vor der Tür.
Die reiche Tante, hochbetagt,
sie lebe noch, Gott sei`s geklagt,
laut Arzt hätt` sie in wen`gen Stunden
jedoch das Leben überwunden.
Ich möchte, bat er, so gut sein
und ihm diesmal achthundert leih`n.
Ich ließ mich schließlich doch erweichen,
ihm das gewünschte Geld zu reichen.
Er gab die Hälfte mir zurück.
„Hab Dank“, sagt` er, „du gutes Stück,
mir lag die erste Schuld im Magen,
die ist nun hiermit abgetragen!“
Ob Tantchen starb – ob sie genesen?
Er ist nie wieder da gewesen

Merk an:
Will auch ein „Freund“ bei dir Geld leih`n,
lass dich erst gar nicht darauf ein.
Mach du nicht das, was ich bereue,
wirf keine Perlen ...

Spontan – Einladung

Ich hätt` ihn beinah nicht erkannt
und ungefähr fast umgerannt.
„Toll!“, rief er, „dass ich dich hier seh`,
dich, Schulfreund Hans, so frisch wie eh,
gepflegt gekleidet, noch voll Schwung,
gut siehst du aus, dynamisch, jung!“
Ich zog sehr freundlich meinen Hut,
bestätigte, es ging mir gut,
auch er hätt` sich sehr jung gehalten,
log höflich ich - trotz seiner Falten.

Er schwatzte eine ganze Weile.
Doch da ich war in großer Eile
und zudem kaum mehr konnte steh`n,
sagt` schnell ich: „Schön war`s dich zu seh`n,“
und suchte aus genannten Gründen
rasch einen Abschlusssatz zu finden,
der freundlich, doch entschieden fest
mich seinem Redeschwall entlässt.
Ich sagt` – trotz innerlichem Fluchen –
er könne mich ja mal besuchen,
dacht dabei doch im Traum nicht dran,
dass dies real geschehen kann.

Wahrscheinlich fand er fabelhaft
die nur gespielte Gastfreundschaft.
Denn tags drauf schellt es an der Tür,
ich öffne... – „Hans, hier stehen wir!“,
ruft er und schüttelt mir die Hand,
macht mich mit Frau, Kind, Hund bekannt,
beteuert – nur ein Viertelstündchen! --
würd` bleiben er mit Frau, Kind, Hündchen.

Dass Zeitempfinden variiert,
das zeigten sie ganz ungeniert.
Erst als der Hund mal „Gassi“ wollte,
man all`samt sich von dannen trollte.
Fünf Stunden reden, trinken speisen,
war`n es, bevor ,sie weiterreisen.

Lehre:
Einladung, rasch dem Mund entkommen,
wird allzu leicht schwer ernst genommen.
Prüf drum vor solcher noblen Tat
den jeweiligen Adressat.
Sonst zeigt ein Hund nur - zwar nicht übel -
sich, siehe oben, als sensibel.

MITBRINGSEL

„Ich lad` euch“, sagte Küppers Hein,
„zu einem netten Abend ein.
Es kommen zu der Nachbarsfete
der Meiers Franz nebst Gattin Grete
und Freunde aus der alten Zeit.“
Wir sagten zu, bald war`s so weit.

Doch:
Was könnt als Gastgeschenk bloß taugen?
Suchend wandern unsre Augen
nach einem passenden Geschenke
durch alle Zimmer, alle Schränke.
Ein gut erhalt`nes Badetuch,
ein kaum gelesnes altes Buch?
Die Vase, „Meerjungfrau“, türkis,
- wir fanden ohnehin sie mies.
Als ich sie nahm, da fiel mir ein,
die schenkt` uns einstmals Küppers Hein.
Weil Hein ein Weingenießer war,
würd` Rotwein passen von der Ahr.
Da hör mein Herz ich neidvoll klopfen:
für Hein zu schad der gute Tropfen!
Im Schrank zwei alte Sammeltassen...,
doch würden die zu Hein wohl passen?
Wohl kaum, sie wären fehl am Platz
wie Duschgel oder Badzusatz.

Da sehn wir, zwar nicht mehr frisch,
drei Gladiolen auf dem Tisch,
geschenkt von Erna Sauerbier,
die kommt heut nicht, die nehmen wir!
So schritten wir zum Nachbarhaus
mit leidlich frischem Blumenstrauß.

Zu unserm Schreck, Frau Sauerbier
war – unerwartet – doch schon hier.
Die guckt und zieht die Brauen hoch,
zischt leis: „Die Blumen kenn ich doch!
Doch ist`s mir letztlich ganz egal
Geschenk als „Wandersraußpokal“.
„Vom Friedhof wurden Gladiolen“,
sagt Meiers Franz, „gestern gestohlen.“
Wir schau`n zu Erna Sauerbier,
die macht sich dünn, ist nicht mehr hier.
Und drum geriet ich in der Nacht
in einen scheußlichen Verdacht.

So kann es gehen, man sollt dran denken,
will man dem Mitmensch Freude schenken!
Oft hat, was liebevoll bedacht,
dem Schenkenden schon Leid gebracht.

Es sinkt die Sonne, singt ein Chor...

Die Sonne sinkt auch heute wieder
und auch ein Chor gar lieblich singt,
jedoch der sinkt nicht, der singt Lieder
in denen Heimatliebe schwingt

Es kommt die Nacht.
Trotz Sterngefunkel,
trotzdem der Mond vollmundig lacht,
macht sie auch heut es bei uns dunkel,
durch ihre starke Himmelsmacht.

Herr Adam gehet still zur Ruh;
doch bei den wehmutsvollen Klängen
fällt ihm auch nicht ein Auge zu,
er lauscht bewegt leis den Gesängen
hält mit sich Zwiesprach immerzu.

Zutiefst berührt er bei sich denkt:
„Heut hat kein Engel mich gelenkt!“,
ich schlug den Nachbarn übers Ohr,
reizt meine Frau fast bis aufs Messer...,
und Adam nahm sich ernsthaft vor:
„Ab morgen werd ich besser!“

Als dann „Kein schöner Land“ man singt,
er schluchzend in die Kissen sinkt,
schwört: „Fünfzig rote Rosen,
die schenk ich morgen meinem Weib
und werd` beim schönsten Zeitvertreib
höchst innig mit ihm kosen.“
Kaum ist „Kein schöner Land“ vorbei,
da denkt im Stillen er bei sich:
„Das Schwören war doch eigentlich
ne dumme Duselei!
Nix Rosen, Knutscherei...,
es sei...,“
denkt später er im Bette,
„dass ich ne jüngre hätte!“

Von Ärzten und Patienten vom Kränkeln und von Medikamenten

Sehnsucht nach Krankheit

„Der neue Arzt ist jung und schön,
ich hab ihn gestern nah gesehn,
möcht` allzu gern mal zu ihm gehn“,
sagt Emmi zu Augusten,
dann hat sie weiter noch gesagt
und bitterlich darob geklagt:
„Ich krieg nicht mal `nen Husten.“

Arztbesuch

Ein Arztbesuch wird dann recht leicht,
wenn dies zu hören man erreicht:
„Es ist zum Glück noch nicht zu spät,
das ist was, das vorübergeht.
Sie können auch infolgedessen,
das, was beliebt, getrost noch essen.“
Gern glaubt man, was man hört sei wahr
und zahlt erfreut das Honorar.

Medium

„Der Arzt hilft“, so denkt mancher heiter,
„bei dieser Krankheit mir schon weiter.“
Oft ist`s die Heiterkeit gewesen,
an der ein Patient genesen.
Der Doktor ist für ihn darum
nicht Arzt nur, sondern Medium.

Durchfall

Es wird dem Menschen nie gefallen,
im Leben einmal durchzufallen,
auch hasset voller Herzenswärme
er einen Durchfall der Gedärme

Doch gleichfalls schwer das Herz ihm klopft,
wenn jene Därme sind verstopft.
Nicht hart, nicht weich, es gilt der Mitte
zumeist des Menschen stille Bitte.

Pillensüchtig

Obgleich ich – wie bekannt – viel sitze
und lediglich beim Essen schwitze,
Salate und Gemüse meide
und trotzdem an Verfettung leide,
an Bier nicht mal fünf Halbe trinke,
bevor in Trägheit ich versinke,
fühl ich – trotz Tabak, Alkohol
mich niemals völlig pudelwohl.

Der Arzt meint, den ich konsultiert
ganz ungerührt und ungeniert,
ich sei bereits zu dick zum Laufen,
sollt nicht mehr rauchen, nicht mehr saufen,
anstatt nur träg herum zu sitzen,
müsst endlich ich durch Arbeit schwitzen,
auch fragt er, ob gespart ich hätte
für meine letzte Ruhestätte.

Dies sagt er völlig unverbrämt,
dass er als Arzt sich da nicht schämt!
Obwohl ich müd` mich zu ihm schleppte,
schrieb er mir nicht einmal Rezepte.
So frag ich Euch: „Um Himmels Willen,
wozu gibt`s heutzutage Pillen?“

Uromas Sprechstunden-Phantasien

„Wie pflichtbewusst einst Ärzte waren
vor fünfzig oder sechzig Jahren,“
sagt Uroma und träumt gemach
den längst vergangnen Zeiten nach.

„Einst brach bei mir der kleine Zeh,
nun ja, dies tat zwar wenig weh,
dennoch, den Arzt zu konsultieren,
wollt` ich als junge Maid probieren.

Ich ging zu ihm, schildert` mein Weh
von dem verletzten kleinen Zeh.
Er schaut mich an, sagt grad heraus:
„Zieh` erst mal Kleid, Hemd, Hös`chen aus!“
Nun horcht er ab, die Brust, den Rücken,
Ich musst` mich strecken und auch bücken,
musst vor- und dann auch rückwärts gehen,
prüft`s Ohr und meiner Augen Sehen,
lässt husten mich, horcht ab die Lunge,
schaut nach ob wohl belegt die Zunge,
prüft Blutdruck und die Pulskomplexe,
an Knie und Armen die Reflexe,
führt auf dem flachen Kanapee
sorgfältig durch ein EKG,
schaut Mandeln an sowie den Rachen
und auch noch manche andren Sachen.
Noch als ich stand ohn` Hemd und Hose
stellt er wie folgt die Diagnose:
„Sie sind zur Zeit zwar kerngesund,
doch hindert Sie nicht der Befund,
mich künftig oft zu konsultieren,
werd` prüfen Sie auf Herz und Nieren.“
Der Vorschlag war mir äußerst recht,
fürwahr, ich fand den Arzt nicht schlecht.
Nur hatten beide wir indessen

den Grund des Kommens glatt vergessen.
Er rezeptiert mir Baldrian,
dann endlich kam der Nächste dran.
Kaum war ich draußen – oh herrje -
da schmerzt erneut der kleine Zeh.

Als ich nach etwa zwanzig Jahr`
der Venen wegen bei ihm war,
sagt er nach kurzer Plauderei:
„Nun machen Sie sich oben frei!“
Lang horcht er mit dem Stethoskop,
die üpp`ge Brust sich senkte, hob.
Er lauscht sehr lang, dann endlich rief er:
„Ach ja, die Venen liegen tiefer!
Doch brauch ich die nicht kontrollieren,
Sie können sie mit „ROSS“ massieren.“

Nach etwa weit`ren zwanzig Jahr`
ich alt und schwächlich bei ihm war.
Zwar rang ich noch nicht mit dem Tod,
doch Rheuma, Kopfschmerz, Atemnot,
die machten mir schon schwer zu schaffen
und ließen Leib und Seel` erschlaffen.

Mein Herz, das rast, es keucht` die Lunge,
doch er sagt nur: „Zeig mal die Zunge“,
und meint nach einem kurzen Blick:
„sie kann jetzt in den Mund zurück.
Das Blut ist wohl ein wenig dick,
nimm Aspirin pro Tag zwei Stück
zum Frühstück und zur Tages Mitte“,
dann rief er laut: „Der Nächste bitte!“

Wie ich`s beschrieb aus meiner Sicht,
so läuft`s in Wirklichkeit ja nicht.
Der Arzt sieht nur den Patienten,
der schaut in sich den Deliquenten, ,
der galgen-humoristisch scherzt,
anstatt dass mutig und beherzt
dem Arzt er schenkt sein Herz statt Hose --

der vollen – bei der Diagnose.
Dem Schreiber glitt wohl fort der Zügel,
ihm droht Kritik, verbale Prügel.
Was ihm vorgaukelt Phantasie,
das gibt`s in Wirklichkeit ja nie.
Dennoch, fern von schlechten Witzen,
sieht man dies Körnchen Wahrheit blitzen:
Bei manchen mürrischen Senioren
fühlt man sich unwohl, recht verloren.
Hingegen sitzt bei Jugend-Frische
ein jeder lieber wohl zu Tische,
macht doch ein jugendlicher Charme
ein altes Herz erfrischend warm.
Zwar unbewusst doch permanent
fühlt dies der Arzt – und der Patient;
denn beide sind, und das ist gut,
wie DU und ich aus Fleisch und Blut.

Selbstmedikamentierung

Über Arzneien hört in Krankheitstagen
enttäuscht man oft Patienten klagen.
Gut wirkt, ob Schnupfen, Rheumatismus...
sehr preiswert(!) „Pille Optimismus“!

Brecher

Wie schön, wenn sich der Mensch fühlt wohl
im stillen Glück des Lebens:
Doch wehe, wenn der Alkohol
das Ziel wird seines Strebens!
Sein Kopf, des Giftes voll, ist schwer,
er will dem Brechreiz trotzen
und schwört: „Ich trinke niemals mehr!“,
dann muss er sich trotzdem übergeben.

Von guter Butter und anderen Fetten

Ernährung ist ja lebenswichtig,
besonders dann, wenn sie auch richtig.
Wer sich bewusst gesund ernährt
ein langes Leben auch erfährt.

Herr Adam wollte nichts riskieren,
beschloss den Arzt zu konsultieren.
Der möge – so auch die Kollegen –
ihm, was gesund sei, offen legen.
Der Mensch die ew`ge Jugend hätte,
äß er – sagt Arzt **„A"** – Pflanzenfette.
Es sei allein der Brotaufstrich
schon eine Wissenschaft für sich.
Besonders wäre es Marg`rine,
die der Gesundheit trefflich diene.
Die Marke X, so zeigt ein Test,
setzt in den Adern sich nicht fest.
Hingegen Aufschnitt, sagt er, hätte
zu viel der tierisch-schlechten Fette.

Arzt **„B"** meint: „Margarine ist
synthetisch schmierig - fetter Mist!
Meine hundertjähr`ge Mutter
aß ihr Leben lang n u r Butter."
Arzt **„C"** weiß: „Marg`rine wie auch Butter
nutzt besser man als Schweinefutter,
dem Menschen ist sie ungesund,
für Arteriosklerose klar ein Grund",
wozu zum Beispiel Konfitüre
seines Wissens niemals führe.

„Des Zuckers wegen sind Gelee`
und Marmelade längst passe`,"
sagt Doktor **„D"** und macht für Quark
als Brotbelag sich eifrig stark.

Dies lehnt jedoch ein Internist
energisch ab, meint: Quark sei Mist,
zu viel Eiweiß vergifte Nieren,
man sollt von Quark sich distanzieren.

Ein andrer rät: „Lass alle schwatzen,
du kannst die Butter ja dünn kratzen!"
„Oh nein", meint Adams Schwiegermutter,
„leg fingerdick auf's Brot die Butter!"
Nur guter Butter es gelänge,
zu schmieren dürre Nervenstränge.

Er fühlt sich hin und her gerissen,
von der Experten großem Wissen,
hat hungrig lang umher gelungert,
dann ist er - kerngesund - verhungert!

Bewusstes Ernähren

Für's Leben – weiß der Mensch – ist's wichtig,
sich zu ernähren – jedoch richtig!
Gemüse, Rohkost, volles Korn
steh'n im Ernährungsplan ganz vorn.
Der Mensch weiß: das ist zu verpönen,
nach dem sich Herz und Gaumen sehnen.

So drängt's ihn aus Gesundheitsgründen,
dass Leckereien rasch verschwinden.
Er ist drum geradezu versessen,
was ihn gefährdet, aufzuessen.

Gezähntes

Reich ist der Hai an Zahl von Zähnen,
er zeigt beim Fressen sie und Gähnen.
Was hat der Schöpfer sich gedacht,
dass er uns nur gut dreißig macht?
Und neben dieser kleinen Zahl
erschuf er für uns noch die Qual.

Der Schmerz beginnt schon bei ganz Kleinen,
die nicht nur „Beißring – knabbernd“ weinen.
Sie schrei`n vor Zahnschmerz wie an Spießen,
wenn ihre ersten Zähnchen schießen.

Kaum ist verklungen das „Hurra!“,
weil alle Zähne endlich da,
da fallen sie dem Kind zum Graus
mit Schmerz verbunden – wieder aus.

Nach Jahren kann man sich erfreuen
an den dauerhaften „Neuen“.
Man denkt nun arglos, unverfänglich:
„Die aber bleiben lebenslänglich!“

Doch kaum gedacht, da spürt man es,
das Wirken von der Karies.
Jetzt wird gebohrt, saniert, plombiert,
letztendlich doch noch extrahiert.

Der Zahnarzt ernst Bedauern heuchelt,
als er den letzten Zahn mir meuchelt.
„Die eignen sind“, sagt er, „zu Ende“
und reibt sich heimlich froh die Hände.

Im Spiegel zeigt mein Konterfei:
Die Zeit der Jugend ist vorbei.
Der Mund wirkt nun schon greisenhaft,
speit nuschelnd, zischend Speichelsaft.
Dass dies kein Dauerzustand ist,
versichert glaubhaft der Dentist.

Und sieh, die „Dritten“ weiß wie Schnee
sehn sehr gut aus und tun nicht weh.
Sie strahlen und sie blitzen,
durch Haftcrem` fest sie sitzen,
sie werden weder brechen, rosten,
nur eines tun sie: sehr viel kosten!

Da steht man nun, zwar zahngesund,
verarmt durch den sanierten Mund.
Man wiederholt Protestgeschrei:
„Warum half Gott denn nur dem Hai?“

Nun, Gott denkt so wie gute Christen
auch an die Praxis der Dentisten,
doch manchmal glaub ich, sein Erbarmen
verweilt zu lang bei diesem „Armen“.

Zahnweh-Betrachtungen

Wer zweifelt, dass der Zähne Pein,
dem Mensch nicht könnt von Nutzen sein,
hat bei dem Zahnweh nicht gedacht,
dass der dem Zahnarzt Freude macht.

Fango-Menschen

Der Mensch schwenkt immer weiter weg
von der Natur, nennt Erde „Dreck“.
Doch hat`s zum Wohlstand er gebracht,
wird Urlaub gern im Schlamm verbracht.

Fettiges

Das Böse, mit dem Mensch verwoben,
schwimmt – wie das Fett – im Leben oben.
Es wäre besser und auch netter,
das Gute wäre etwas fetter.

Liften

Der Mensch in seinem Aufwärtsstreben
beim viel zitierten Kampf um`s Leben
sieht plötzlich dieses Lebens Spuren
als runzlig – knittrige Gravuren
beim morgendlichen Spiegelblick
bewusst – und fährt erschreckt zurück.

Da nun sein jugendfrischer Glanz
ist teils verwelkt, verschwunden ganz
will neue Jugend er erwerben
um frisch mit 105 zu sterben.

Bald sieht man ihn nun sein Vermögen
in Schönheitspflege anzulegen,
mit teuren Crem`s sich einzuschmieren,
sich plastisch lassen operieren ...
Jedoch, dieweil er pflegt die Hülle,
dass diese sich mit Schönheit fülle,
es ihr an keiner Pflege fehle
verkümmern Herz ihm und die Seele.
Er wird vergrämt, ist isoliert,
die Lebensfreude sich verliert.
Was hilft dir, Mensch, die schöne Haut,
wenn außer dir niemand drauf schaut.
Es ehren letztlich unsre Alten
ein frohes Herz und lust`ge Falten.

QUACKSALBEr

(nach einem alten Schwank)

Zu einem Schmied, dem Tode nah,
ein Quacksalber einstmalen sah.
Der fragt` ihn an dem Krankenbette
ob einen Wunsch er wohl noch hätte.
Der kranke Schmied ihn müd` anschaut
und haucht, kaum hörbar: „Sauerkraut".
Der „Arzt" sagt, dass vom Sauerkohle
dem Schmied man schnell und reichlich hole.
Dem, der im Fieberwahn schon döst,
wird viel des Krautes eingeflößt.
Und sieh, bereits nach vierzehn Stunden,
da ist die Krankheit überwunden.
Der Quacksalber sich rasch notiert,
dass Sauerkraut sehr gut kuriert.

Nur kurz darauf erkrankte - leider -
des Dorfes allbeliebter Schneider.
„Was für den Schmied so wohl gewesen,
lässt einen Schneider auch genesen",
so denkt der „Arzt" und ordnet an:
„Bringt Sauerkraut dem kranken Mann!"
Der aß es auf in seiner Not
und war nach vierzehn Stunden tot
Quacksalber hat nochmals notiert,
dass Kohl zwar Schmiede schnell kuriert,
ja für sie sei er unentbehrlich,
für Schneider aber höchst gefährlich.

Drum, wenn`s dir vor dem Tode graut:
Werd` Schmied und esse Sauerkraut!
Ansonsten geht`s vielleicht dir – leider (!) –
wie dem bedauernswerten Schneider.

Blähbäuche

Einen Blähbauch drängt´s, dass mit Getöse,
von dem, was blähet, er sich löse.
Mit Rücksicht auf die guten Sitten,
wird von ihm demutsvoll gelitten.
Sein Mensch verlanget Anstandspflicht
und ... – dass der Körper schließe dicht.

Den Mann, dem dieser Bauch gehört,
das Blähen ganz empfindlich stört,
zumal er in Konversation
jetzt gerade ist, mit Frau Baron.
Und wie es just der Zufall will,
ist deren Bauch grad auch nicht still.
Blähung, nicht geschlechtsgebunden,
wird auch von ihr als schlecht empfunden.
Auch sie erteilt die Instruktion:
„Schweig stille Bauch, nur keinen Ton!“

So hebt´s an, hörbar kaum für Ohren,
in beiden Leibern zu rumoren.
Mal grollt´s nach rechts, dann links nach oben,
den Aufstand scheint der Bauch zu proben.

Nach hinten zwängt´s nach unten drängt´s,
ein Weilchen in der Mitte hängt´s.
Dann – frei von Rosenblütenduft –
zwängt je ein Ton sich an die Luft.
Zuerst bei ihr und dann bei ihm,
mal spitz, mal dumpfes Ungetüm.

Zwei Köpfe, die erröten sehr,
zwei Bäuche aber quält nichts mehr.
Und die Moral ganz einfach heißt:
„Hab Mut Bauch, siege über´n Geist!“

Der Hals

Hals, der wicht´ge Körperteil
zwischen Kopf und Bauch –
stark flexibel, doch zuweil´
ärgert er mich auch.
Dies, wenn ich in lauter Weise
dann gerade husten muss,
wenn man feierlich und leise
lauschet hohem Kunstgenuss.

Neulich war es, im Theater,
als es anhub, dieses Jucken,
Kribbelei ward rabiater,
ließ sich nicht hinunterschlucken.

Ich versucht´s zu unterdrücken,
und mein Kopf schwoll puterrot,
doch es wollte mir nichts glücken,
Brennen, Kitzeln, Atemnot.

Lauthals hustet´ ich dies Kitzeln
in die Stille grob hinein,
rechts den Nachbarn hört ich witzeln,
links, der brummt: „Proletenschw....!"

Aus den Taschen meiner Hose
angelte ich ganz im Stillen
aus der Hustenbonbondose
Eukalyptus-Halspastillen.

Mochten alle böse gucken...
trotzdem ist mir jedenfalls
lieber Hustenreiz mit Jucken
als ein Leben ohne Hals.

Die Nerven

Der Mensch, ja selbst das kleinste Tier
hat Nerven (innerlich!),
wohl tausend, hundert ... oder vier,
grad wie´s erforderlich.

Man kann sie – ob in Fuß, in Hand –
von außen zwar nicht sehn,
doch kann man leicht - wie allbekannt -
auf andrer Nerven gehn.

Zahn-, Seh-, Hörnerv und Ischias –
vom Kopfe bis zum Zeh...,
sie haben Namen und etwas,
etwas tun sie oft weh.

So schiebt der, dem was wehetut,
sehr oft sein Unwohlsein
mitsamt der schmerz-entstandnen Wut
auf eine Nervenpein.

Ist mal ein Mensch voll Ungeduld,
unleidlich, zänkisch, bös,
so gibt er seinen Nerven schuld
und sagt, er sei nervös.

Bist du der Nerven überdrüssig,
bereiten sie dir oftmals Pein,
denk dran: sie sind nicht überflüssig,
noch schlimmer ist´s, entnervt zu sein.

Ein tröstlich Wort

Steinreich, todkrank und sorgenschwer
schlurft er zum Arzt, und matt sagt er:
„Ich hab, Herr Doktor, reichlich Geld,
möcht` weiterleben auf der Welt,
auch bin ich, wie Ihr mich ja kennt,
prompt zahlender Privatpatient.
Lasst Euch von mir, bitt ich anheuern,
mich noch mal rundum zu erneuern."

Als ihn der Arzt drauf durchgescheckt,
den Keim des Todes er entdeckt.
Er spricht drauf hin ihm tröstlich zu:
„Bald haben Sie vom Leiden Ruh,
wie`s scheint im laufenden Quartal,
da endet Ihres Leidens Qual.

Ich rate – einmal trifft`s ja jeden –
dass Sie mit dem Bestatter reden.
Mit Rücksicht auch auf Ihre Erben,
rat ferner ich, recht bald zu sterben;
auch schont ein zügiges Erblassen
die strapazierten Krankenkassen."

So schafft ein Arzt mit Deutlichkeit
für den Patienten Sicherheit.
Wenn jeder Arzt solch Trostwort böte,
die Freud am Sterben sich erhöhte.

Gedanken über letzte Dinge

Obgleich sie sehr am Leben hingen ...,
sie sprachen gern von letzten Dingen,
sowohl von potentiellen Erben,
als auch, wie`s sich vollzieht, das Sterben.
Ein jeder wünscht, das eigne Leben
müsst es auch ohne Sterben geben,
dem Tod mit Stundenglas und Hippe
spräng allzu gern man von der Schippe.
Doch führt kein Weg am Tod vorbei,
weil Leben letztlich tödlich sei,
den Tod, den überlebt man nie,
entscheidend sei beim Sterben `s WIE.

Der einz`ge Mann in dieser Runde
sagt mannhaft forsch mit losem Munde:
„Wenn ich mal sterb`, dann nur im Stehn,
möcht` aufrecht noch zum Friedhof gehn.“
Dann schränkt er ein, der greise Mann:
„Vorausgesetzt, dass ich`s noch kann.“

Maria sagt, sie hätt` geträumt,
dass sie vor`m Tod nicht aufgeräumt.
Es sei die sonst so saub`re Küche
nicht geputzt und voll Gerüche.

Josefa meint, ihr wär` es lieber,
sie stürbe ohne Lampenfieber
- ganz unverhofft - bei einem Lachen
würd` sie sich gern von dannen machen.

Hedwig, die gewissenhaft,
befürchtet: „Was, wenn mir die Kraft
zum Sterben einfach gar nicht reicht,
bleib ich am Leben dann vielleicht?“

Ruth fragt: „Wenn man im Sterben liegt
und einen Krampf im Beine kriegt,
lohnt sich bei dem Martyrium
dann noch etwas Magnesium?“

Lasst euch nicht quälen von Problemen,
versucht den Weg, den recht bequemen:
Schlaft ein im Diesseits ohne Schrecken,
im Jenseits wird man euch schon wecken.

Am Grab einer Putzsüchtigen

Nur Putzen war dein Leben,
nie dachtest du an mich,
nach Sauberkeit zu streben
galt dir als höchste Pflicht.

Du krochst in alle Ecken,
fandst Staub, wo keiner war,
die allerkleinsten Flecken
riebst du vom Mobiliar.

Du schrubbtest selbst den Garten
und gar das Gurkenbeet,
ich musst auf's Essen warten,
selbst wenn ich drum gefleht.

Ich lief nur mit am Rande
in deinem Putzhaushalt,
zum Kochen außerstande
blieb deine Küche kalt.

War alles abgescheuert,
die Fenster blank poliert,
die Putztücher erneuert,
ward noch desinfiziert.

Selbst wenn der Boden trocken
blieb er für mich tabu,
nur auf ganz weichen Socken
durft` ich rein – ohne Schuh!

Du hast kein Buch gelesen
und kein Konzert gehört,
du warst ein reines Wesen
vom Sauberwahn betört.

Jetzt ruhst du unter Kränzen,
und ich möcht` – mit Verlaub -
den Abschiedsgruß ergänzen
durch eine Handvoll Staub.

Nun wisch frei – ohne Plage -
in deiner stillen Gruft
bis man am Jüngsten Tage
dich in den Himmel ruft.

Hier die Inschrift ihres Grabsteins:
„Ich kehre nie wieder!"

Gedärme-Pein

Wenn das Gedärm ein Wind mal peinigt,
dann steht ihm zu, dass es sich reinigt.
Es ist auch medizinisch wichtig,
Wind zu entfernen, kraftvoll, richtig!

Doch medizinisch dumme Laien,
die heben schnell nun an zu schreien,
sie schwatzen von der Anstandsregel
und nennen kluge Fur... „Flegel."

Schlusswort eines Hypochonders

Da steht ihr nun vor meinem Grab
seht reuig – hoff' ich – jetzt herab
zu meiner letzten Kammer.
Es war fürwahr ein Jammer,
dass ihr mein Kranksein nicht geglaubt
und euch mit mir habt Spott erlaubt.

So oft ich auch mein Leid geklagt,
ihr habt kein Trostwort mir gesagt.
Ihr lachtet zynisch, süffisant
und habt dabei gar nicht erkannt,
dass mir so mancher Krankheit Macht
oft fast das Ende hätt` gebracht.

Die Ärzte konnt` ich glatt vergessen,
sie haben nur den Puls gemessen,
derweil ich zeigte guten Willen
und schluckte wirkungslose Pillen,
doch immer folgte der Befund:
„Herr Adam, Sie sind kerngesund!"

Tabletten hin, Placebos her,
mir half letztendlich gar nichts mehr.
Heut` müsst Ihr`s glauben – Gott sei Dank ! -
dass ich doch vor dem Tod war krank.
Im Grund hat`s selber mich gewundert,
dass ich erreichte noch die hundert.

Familie - Umfeld

Mutter

Deiner Güte stillen Schritt
hab` ich stets erfahren,
schwingt noch jeden Herzschlag mit
nach so vielen Jahren.

Deine Augen, Deine Hand
haben segenspendend
fest sich in mir eingebrannt
bis mein Leben endet.

Liebe hast Du mir geschenkt
und auch für mein Leben
Handeln, Denken so gelenkt
weiter dies zu geben.

Am Bett des Kindes

Im Gesicht noch leises Lachen,
das den Tag uns glücklich macht,
schläfst Du zwischen Deinen Sachen
Bär und Puppe in die Nacht.

Jeder Winkel, jede Stelle,
ob im Garten, Hof und Haus
strahlen noch von Deiner Helle,
die Du dauernd sendest aus.

Lang bewimpert lassen Lider
nun die Augensterne ruh`n,
rote Wangen spiegeln wider
Deines Kindertages Tun.

Wenn die Zeit doch stehen bliebe!
Wunderbarer Augenblick!
Ach, mein Kind, wie ich Dich liebe!
Gott, ich dank` Dir für dies Glück!

Wenn man so in der Wiege liegt...

(die Welt aus der Sicht eines neuen Erdenbürgers betrachtet)

Irgendwann ist der Verbleib
in dem engen Mutterleib
jedem kleinen Menschlein leid,
er verlässt die Räumlichkeit.

Kaum hat Paul das Tor des Lebens
dann passiert, hofft er vergebens,
dass nach Mutterleibes Enge
die Welt ihm frei sei - ohne Zwänge.
Doch jetzt, völlig hemmungsfrei,
strömt Verwandtschaft schon herbei,
Hundert Augen Paul fixieren,
babykundig ihn taxieren.
Papa strahlt, sagt voller Stolz:
„Paul ist ganz aus meinem Holz!"

Mama meint: „Ne, ne der Kleene
hat, man sieht`s doch, meine Gene!"
Oma – väterlicherseits –
weiß nach erstem Blick bereits:
„Nein, der Paul, das sag ich Dir,
gleicht doch haargenau nur mir!"

Opa, der von Mutters Seite,
meint, dass er dies nicht bestreite,
doch nur, wenn Paulchen zahnlos lacht,
wenn er jedoch mal Pippi macht,
dann zeige die Anatomie:
Paul ist ganz ER und gar nicht SIE,

Paul ist enttäuscht von diesem Leben;
er liegt, den Blicken preisgegeben,
vor zwei Tanten nackt und bloß,
und diese schmeicheln: „Wie famos!
Nie hab ein Baby ich geseh`n,
das so wie dieses Kind ist schön!“
Die Eltern schier im Glück versinken,
sie bitten: „Bleibt zum Kaffeetrinken!“

Hundertmal wohl alle Tage
höret Paul die gleiche Frage:
„Wo ist denn nur mein kleiner Schatz?
Wo ist mein süßer Hosenmatz?“
Am Dümmsten für ihn ist es, wenn
die Frage kommt: „Wo iss-er denn?“

Die Frager schaun ihm ins Gesicht
und sehn ihn offenbar doch nicht.
Ist`s endlich um ihn her mal stille,
macht bei ihm jemand „Kille-kille“,
verzieht`s Gesicht zu wahren Fratzen
und streichelt ihn mit Riesentatzen.

Der Kleine ist zutiefst empört,
dass man sein Sich-entwickeln stört.
Wie lernt man bloß als Kind das Sprechen,
wenn alle ringsum radebrechen?

Was soll dies kindische Getue?
Als Baby hab ich Recht auf Ruhe!
Paul ist das „Rumgetüttel“ satt,
der Kragen platzt, den er nicht hat,
voll Ärger schreit der kleine Knilch:
„Brust her, jetzt brauch ich Muttermilch!

Kreißsaalgedanken

Wenn DU mit Deinem ersten Schrei
die Welt begrüßt, ist es vorbei
mit endlos langem Wägen,
zögerlichem, bangen, trägen
Bewegen hin zum Licht.
Zurück geht´s nicht.

„Hurra!“, ruft der Papa,
„jetzt biste da!“

Vielleicht ist nur DEIN erstes Schrei`n
Protest, entgegen solchem Sein,
in Dunkelheit und Engen
und fremd bedingten Zwängen.
DU wurdest nicht einmal gefragt,
hast weder ja noch nein gesagt.
Hoch aufgetürmt DEIN Schicksalsberg,
hilflos davor DU feuchter Zwerg,
und dann auch noch „Juchheirassa!“
von Papa.
Noch wiegen wir DICH stolz im Arm
und halten DICH geschützt und warm,
tun, was DIR gut ist, DIR gefällt;
doch bald fühlst DU die kalte Welt,
und deren Liebe – vordergründig –
entschwindet, bist DU erst mal mündig.

Zwar ist es uns`res Staat`s Begehren,
dass wir, die Deutschen, sich vermehren.
Doch werden Kosten dann erfasst,
erscheinen Kinder fast als Last.
Es wird der Kinderwunsch zur Chose
aus Kindern selbst oft Arbeitslose.

Noch fehlt DIR Wissen und Verstand
zu überschau´n, was in dem Land
des Lebens auf DICH warten wird.
Kann zeigen DIR DEIN guter Hirt
den Weg - DICH schützend - zu dem Licht,
das Dunkel DIR und Fesseln bricht?
Wird beim Durchleben von Gefühlen
er DIR die heiße Stirne kühlen?
Verklungen ist längst das Hurra!,
von einstens das, von dem Papa.

Vielleicht siehst später DU zurück
auf sogenanntes Lebensglück.
War das, was man DIR hat beschert,
rückblickend wirklich lebenswert?
Gabst weiter DU des Lichtes Schein?
Was konntest DU den Menschen sein
beim Weiterreichen der Stafette
im langen Band der Lebenskette?
Und ruft man, bist du nicht mehr da,
ein Ach und Weh! oder - Hurra?

Doch fort mit Bangen! Lebensmut
erfülle uns, lasst frohgemut
furchtlos mit Gottvertrauen
uns in die Zukunft schauen!
Drum strample mutig in die Welt,
wir hoffen, dass sie DIR gefällt!
Für DICH sind wir verlässlich da,
drum krähe DU jetzt froh: Hurra!

Meinem Kind

Dir, liebes Kind, möcht‘ ich gern alles geben
und dies der väterlichen Liebe voll,
möcht‘ Dich mit Schutz und Hilf umgeben
– falls Du es willst, dass dies geschehen soll. –

Dir weist das Schicksal eigne Wege,
vielleicht ist mein Umsorgen für Dich eine Last,
wenn ich Dich immer noch umhege
und Dich bedrückt, dass Elternliebe Dich umfasst.

Du nimmst die Lebensplanung selbst in Deine Hände,
willst frei von Fremdbestimmung sein.
Es soll`n Dich schirmen eigne Wände,
erwerben willst Du eignes Brot, den eignen Wein.

Ich wünsch` Dir alles Glück. Es werde
voll Ehrfurcht sein Dein ganzes Tun
vor gutem Nächsten und der Schöpfung Erde!
Wer Gutes tut, vermag nachts gut zu ruhn.

Dir möcht` ich nahe sein in schweren Stunden,
verzeih den starken Elterntrieb!
Ich fühl` so innig mich mit Dir verbunden,
und bis zum letzten Atemzug hab ich Dich lieb.

Einschulung

(Gedanken bei der Einschulung meines letzten 1. Schuljahres)

Brav, mit mütterlichem Stolz geschniegelt,
da wird gewiss der Schulstart glücken!
Das Haar bezopft, „beschleift“, gestriegelt,
leicht wippt der Ranzen auf dem Rücken.

Es gilt, den Kleinen Mut zu machen,
sie in die Schule nun mit Spiel und Klängen,
mit gutem Wort und lock`rem Lachen
systemgerecht hinein zu drängen.

Sie steh`n, Schultüten an sich pressend,
am Fuß des Berges ihres Seins;
die Höhen wie die Tiefen nicht ermessend,
dies kann noch von den Kleinen keins.

Was wird belastend auf sie zu wohl kommen?
„Lass mich durch dich, Gott, für ihr Leben“,
so bet` berührt ich und beklommen,
„ein wenig Richtung, Kraft und Hilfe geben!“

Generationsprobleme

Damit der Jugend Glück mög` widerfahren,
sind die bestrebt, die, mit den grauen Haaren,
ihr mitzuteilen das, was sie erfahren,
um ihnen Schlechtes zu ersparen.

Doch alles Müh`n von Eltern, Lehrern, Onkeln, Tanten
ums Kind gehen fehl. Die glatten Kanten,
sie schleifen ab, die Farb` wird matt,
und was einst schöne Formen hatt`
wird wie ein ungefüger Stein;
man fragt sich ratlos: „Muss das sein?“

Dabei ist es doch längst bekannt:
Ein junger Kopf will durch die Wand.
Was soll der Alten Jammern, Heulen,
die Jugend braucht halt Beulen.

Vater

Wenn Vater von dem Felde kam
und hatte Korn gesät,
er mich stets in die Arme nahm
und war es noch so spät.

Strich dann der Sommer heiß dahin,
war`s Korn gemäht, gebunden,
dann sah er fröhlich zu mir hin,
verschwitzt und voller Schrunden.

Kam Vater von dem Dreschen her,
lacht er: „Nun hat`s nicht Not,
wird auch der Winter lang und schwer,
wir haben reichlich Brot!"

Mein Vater trug ein armes Kleid
und doch, ich konnt` es fühlen,
erfüllte ihn Zufriedenheit
trotz Mühe, Schweiß und Schwielen.

Des Vaters Welt war klar und heil,
wenn auch nicht frei von Schmerzen.
Er trug zum Leben seinen Teil
mit Kraft und mit dem Herzen.

Und heut? Heut dünkt man sich gescheit
oft darauf abzuzielen:
zu leben satt in Herrlichkeit
durch andrer Schweiß und Schwielen.

Junge Angst

Heute Abend bin ich spät
durch den Wald gegangen.
Kalt der Wind durch Äste weht,
weckt in mir ein Bangen.

Kobold huscht und knackt durch Zweige,
schleudert Zapfen her zu mir,
irgendwer streicht jaulend Geige,
seitwärts keucht ein wild Getier.

Fledermäuse Augen glühen,
tanzen, flattern um mich her,
ach wie gern möcht` ich jetzt fliehen,
doch die Beine woll`n nicht mehr.

Wild fühl` ich mein Herz jetzt klopfen,
hör` von saugenden Vampiren
Blut schon auf die Blätter tropfen
und das Röcheln wilder Tiere.

Als die Not am größten war,
kam der Vater mir entgegen.
Plötzlich wurde alles klar:
tropfend „Blut“ - das war nur Regen,
und das Keuchen der Getiere
war doch bloß der raue Wind,
Augenblinken der Vampire
kleine Grühwürmer nur sind.

Glücklich hab ich aufgelacht.
Wie ein wenig Wind im Dunkeln
Regentropfen, Glühwurmfunkeln
junge Phantasie entfacht.

Rückblick

Es rostet dein Pflug
in deinem Acker,
der fruchtbar war.
Jetzt sprühen die Nesseln
lachend ihr Gift,
und der Disteln grelle Spitzen
bohren in deine Haut,
dort, wo einst Schwielen waren.
Erdfern
hängst du dich an die Sichel des Mondes,
die unberührt scheint wie einst,
und die fallenden Sterne
nehmen deine Wünsche mit
hinab in den Staub des Ackers,
der fruchtbar werden kann.

Säen

Handvoll Korn in meiner Hand,
und ich halt im Säen inne,
setz mich an des Feldes Rand,
meiner Väter Ackerland,
denk` an sie und träum und sinne.

Sie, die schon seit Jahren ruh`n
lehrten pflegen mich das Land,
lehrten achten mich dies Tun,
bis mich brannt`s in Reiseschuh`n,
fremdes Brot ich draußen fand.

Doch die Sehnsucht blieb im Herzen,
keimte wie die junge Saat;
mocht` mich`s andre Leben herzen,
größer wären Seelenschmerzen
folgt` ich nicht dem inn`ren Rat.

Ich beginn erneut zu säen.
Handvoll Korn in meiner Hand,
herrlich Schritt für Schritt zu gehen,
Lebenswunder wachsen sehen
auf der Väter Ackerland.

Wie viel braucht der Mensch zum Leben?

Wie viel braucht der Mensch zum Leben,
was umfasst sein täglich Brot?
Viel könnt mancher andern geben,
um zu lindern deren Not!

Doch die Haie der Konzerne
finden immer neue Gründe,
um zu stopfen allzugerne
ihre bodenlosen Schlünde.

Ob die ganz da unten darben
kümmert wenig Chefetagen,
manche gar ihr Brot erwarben,
weil sich andre für sie plagen.

Letztes Hemd hat keine Tasche ...,
richtig zwar, doch liegt die Asche
derer, die im Leben reicher
selbst im Luxussarg noch weicher.

Der Halt

Ihr seht in mir den Fels, der Halt gibt und Ruhe,
seht nicht meine Schwächen:
- wie die Zeit mich zernagt,
- mich das Wasser zerfrisst,
- der Frost zersprengt,
- die Sonne verbrennt,
- und der Sturm meinen Staub verweht,
hinab zu dem Acker.
Dennoch,
liebt die Zeit,
das Wasser, den Frost,
die Sonne und den Sturm;
denn nicht auf den Fels ist Verlass,
wohl aber auf den Acker.

Leise Dinge

Laut geworden ist die Welt,
lauschen wir noch leisen Dingen,
eines kleinen Vogels Singen,
Ährenrauschen in dem Feld?

Hör`n wir Wind durch Zweige wehen,
leis an Schieferplatten klappern,
eines kleinen Babys Plappern,
eines müden Greises Geh`n?

...einen Bach noch gluckernd springen,
oder Bienen eifrig summend,
dicke Hummeln traulich brummelnd,
Drosseln Abendlieder singen?

Mög` die Stille niemand stören,
sie ist Seelenmedizin,
Schatten der Gedanken flieh`n,
wenn wir leise Dinge hören.

Vor einem alten Fotoalbum

Ein Album, bildervoll, mir wohl vertraut
durchblätt're ich, seh` Augen und Gestalten,
und wie so dieser, jener zu mir schaut,
erwacht ihr Sein und Wesen, Schalten, Walten.

Urplötzlich fühl ich schwer beklommen:
Wie Sand in einer Uhr zerrann mein Leben,
schon habe ich den Platz der Ahnen eingenommen,
bald wird auch mein Geist nur aus Bildern schweben.

Ein Hauch nur zwischen War und Ist,
ein zweiter zwischen Heut` und Morgen,
wie füll` ich sinnvoll meine letzte Frist,
wie leer den Korb ich, der noch voll von Sorgen?

Die Bilder, immer noch voll Leben ...,
ich kann – den Ahnen gleich – nichts andres machen,
kann nur Erhalt`nes weitergeben:
den Berg voll Liebe und ein Tal voll Lachen.

Morgendämmerung

Wenn in des neuen Tages Dämmerstunde,
in der das Grau vom Schwarz, dann Fahl vom Grau sich wendet,
am Horizont ein milchig Gelb an blasses Blau sich bindet,
dich sphärharmonisch trifft die Hoffnungskunde,
dass alles, was du grübelnd wähntest kaum zu tragen,
was duldend Schweigen von dir fordert statt der Klagen,
was unter Last der Finsternis dich drückt,
nun lichternahend wird entrückt,...
dann bleibt der herzbelastend Stein zwar deiner,
er ist jedoch – bei Licht besehen – kleiner.

Neuer Morgen

Aus dumpfem Traum schwer aufgewacht,
lacht dir ein neuer Morgen.
Du fühlst dich, weil die Sonne lacht,
im neuen Licht geborgen.

Das Dorf so traut, das Land so grün,
so blau der Himmel droben!
Es wird der Druck von Angst und Müh`n
ganz sanft von dir gehoben.

Utopia

Die Welt wird gut! „GLOBALISIEREN",
so heißt das große Zauberwort,
nie wird ein Heer mehr aufmarschieren,
nie Krieg mehr, nie mehr Völkermord!

Auch fabriziert man nie mehr Waffen,
aus Flugzeugträgern wird jetzt Schrott,
es wird der Klimaschutz geschaffen,
auch glaubt man wieder fest an Gott.

Die Luft wird rein und die Atome,
sie werden nicht mehr kerngespalten,
auch deuten hin schon die Symptome:
Bald ehrt die Jugend wieder Alte:

Und Energien schenkt die Sonne ...
geläng` all dies so wunderschön – ,
wir könnten einstens – welche Wonne! –
den Enkeln in die Augen sehn.

Alte Scheune

Zwischen greisen Apfelbäumen
steht sie,
hochbetagt und zeitzernagt,
vom Holderstrauch umwuchert.
Windschief zusammengesunken trotzt sie dem Sturm,
gleicht dem Alten,
der durch die kleinen Fensterrauten
hinab sieht zu ihr,
täglich,
solange es noch Tage gibt für ihn.

Als sie gebaut, galt noch das Brot etwas.
Überfluss heute – damals zu bergender Segen.
Dreschflegel schlugen den Pulsschlag langer Wintertage.
Warm war es in der Kälte.

Dann waren da Zeiten, in denen sie nur Stroh barg,
leeres Stroh,
später vom Menschen verdrängte alte Geräte,
besucht nur vom huschenden Wiesel, vom trippelnden Igel
und von den Enkeln, die sich versteckten,
in heimeligen Ecken errochen und erspürten,
was Heimat ist.
Grünbealgte Bretter hängen lose,
schwanken leise im Wind,
der aus den Löchern das Erinnern bläst
hinauf zu dem Alten,
der hinab sieht zu ihr,
täglich,
solange es noch Tage gibt für ihn.

Loslassen müssen

Leis bin ich hineingewachsen
in den Raum, der mir vertraut,
hier sind meines Lebens Achsen
fest verbunden, aufgebaut.

Alles möchte ich umfassen:
Menschen, Landschaft, Baum und Strauch.
Irgendwann heißt´s: „Losgelassen!“
Und dies gilt für mich dann auch.

Vieles, was mir lieb und teuer
wirft hinfort die neue Zeit
- vielleicht in ein Freudenfeuer,
das vom alten Zopf befreit.

Eignes Haus und eigner Herd...,
ach, wie viel nach dem ich hasche
Flamme neuer Zeit verzehrt,
Wind verweht die letzte Asche.

Nur, was mit des Herzens Kraft
man dem Nächsten hat gegeben,
kann als Menschheits-Lebenssaft
durch die Zeiten weiterleben.

Ich

Weshalb zwänge ich mein Sein
einzig in das ICH hinein?
Warum stets die Gedanken wandern
um ICH um MICH - kaum um die andern?
Würd` sich mein stiller Wunsch erfüllen
und sich mein ICH mit WIR umhüllen,
dass ich nicht mehr an mich nur denke,
das ICH und MICH ins UNS versenke!

Vermisst

(im Gedenken an Vati)

Letzter Kuss
an der Gabelung der Straße
neben der grünen Linde
danach
nur noch ein Brief
über Berge leerer Post
hoffen auf morgen
Blicke
vorbei an morscher Linde
an der Einbahnstraße
hinaus in die Ferne
das Leben geht weiter
ganz normal
äußerlich

Nach fünfzig Ehejahren

Es ist nicht so, als ob wir uns nie streiten würden.
Oh nein!
Gar oft, da kreuzten wir mit Worten unsre Klingen.
Doch fall´n sie ab, des Unmuts Bürden,
hebt´s an, in meinem Innersten zu singen.

Und dass du da bist - einfach so...,
dies ist so selbstverständlich selbstverständlich...
Bist du nicht da, macht mich nichts froh,
Zeit ohne dich währt schier unendlich.

Gar oft sah ich dir heimlich zu im Lauf der Jahre,
in Haus, Hof, Garten, bei dem Enkelkind...,
du bist voll Leben, und die Silberfäden deiner Haare
im Wert viel mehr als Lorbeerkränze sind.

Im Gleichklang schwingen unsre Seelen,
wie viel doch haben wir vereint getragen!
Da meinem Mund die rechten Worte fehlen,
lass mich dir Dank durch schlichte Verse sagen.

Altes Paar auf der Parkbank

Wie zwei blasse, graue Mäuse
sitzt das Paar dort, alt und müd'.
oben singt im Blattgehäuse
keck der Buchfink hell sein Lied.

Viel hat man nicht mehr zu sagen
nach so langer Ehezeit,
was es darin galt zu tragen,
trug geduldig man zu zweit.
Jeder – trüb den Blick gesenkt,
sacht sich zueinander neigend –
weiß vom andern, was der denkt
und verharret still und schweigend.

Wort von Treue, großer Liebe
ward gesagt vor langer Zeit.
Hoffnung nur, dass weiter bliebe:
Geborgen- und Verbundenheit.

Wie zwei blasse, graue Mäuse
sitzt das Paar dort alt und müd',
jugendfroh im Blattgehäuse
singt der Fink sein Liebeslied.

Gelassenheit

Das Alter bringt, wenn man sie pflegt und übt,
ein rechtes Maß Gelassenheit.
Was mich als jungen Menschen hätt` betrübt,
beläch`le ich jetzt, ist längst Vergangenheit.

Ich brauch mich nicht mehr vor der Welt beweisen,
bin, was ich bin, nach mehr zu streben drängts mich nicht,
man mag getrost viel andere lobpreisen,
mir reicht ein mildes Abendlicht.

Gelassen seh` ich jetzt den Rasen sprießen,
lass wachsen, was und wie es mag,
ob Kurse fallen oder schießen ...,
mir reicht ein kleiner Restbetrag.

Ich hab geschafft, das, was ich schaffen konnte,
das, was ich tat, mögen jetzt andre tun.
Wenn ich mich einst in Anerkennung sonnte ...,
jetzt kann ich leicht im kühlen Schatten ruh`n.

Wolken

Wolken, wattig hin geschoben,
zeitlos ziehend eh und je,
trautes Bild, das hoch da droben
träumend schwebt im Äthersee.

Dunstgestalten, Riesen, Zwerge,
lang gestreckte Segelschiffe,
Hochplateaus, befirnte Berge,
weit gestreckte Wolkenriffe.

Licht und hell am Stahlblau stehend,
hetzend und zerrissen jagend,
aufgeblasen, sachte gehend,
schleppend, Wassermassen tragend.

Finster, drohend, schwarz sich ballend,
schwefelgelb und blitzzerspalten,
rauschend, donnernd, schreckend, hallend
zeigen Wolken Urgewalten.

Schnee, Tau, Graupel, Dunst und Reif,
Wolkenbruch, Gewitternacht,
warmer Regen, Nebelstreif,
Spektrum breiter Wolkenmacht.

Wolken, wattig hin geschoben...,
ach, wir denken kaum daran,
dass durch euch so hoch da droben
unten Leben einst begann.

Sonntäglicher Regenmorgen

Augen halb im Schlaf geschlossen,
hör´ vom Dach in leises Rinnen,
stehe auf und seh´ verdrossen
Himmel lange Fäden spinnen.

Heimlich fließt der Nieselregen,
über Ziegel hört man leise
gluckernd sich voranbewegen
die vertraute Regenweise.

Stärker bricht´s aus Nebeln vor,
und von allen Seiten gießt es,
in die Regenrinne fließt es
und von dort ins Regenrohr.

Wie es nun wild plitscht und platscht,
gluckst und gurgelt, rauscht und klatscht,
plimpft und plampft und plumpst und gluckt
bis der Abfluss es verschluckt.

Ach, was könnt´ ich Bess´res tun,
als ein wenig noch zu ruh´n!
In den Halbschlaf klingt noch leise
Regenrohres Regenweise.

Ferienzeit

Ferien

Vor dem Fenster
beschränkter Freiheit
schwebt die Möwe
im Sommerwind.
Auf dem schwarzen Basalt der Buhnen
überrollen sich
silberne Wellenkämme.
In den Blauhimmellücken
mit leichtem Pinselstrich
hingehauchte
weiße Wolkenfahnen,
darunter graue Wolkensäcke.
Schräg durchziehen Sonnenstrahlen
mit hellen LIchtbahnen
die Wolkenschichten
erdwärts.
Im Sommerwind
steht noch die Möwe
schwerelos
wie meine Seele.

Urlaubszeit

Hohe Zeit der tiefen Ruhe
höchste Zeit für freie Zeit!
Endlich raus aus Stress, Getue!
Aus die schweren Arbeitsschuhe,
an die leichten Wanderschuhe!
Ziel des Schaffens: Urlaubszeit,
steht bereit.
Ein Jahr galt es hart zu schuften,
hektisch voll Betriebsamkeit.
Nun geht`s raus aus den vermufften,
arbeitsmiefig ausgepufften
Räumen in die Ferienzeit!

Herrlich! Sonne! Sommerfrische!
Erleben uhrenfreier Tage;
wenn man mag geht man zu Tische
oder isst die erntefrische
Frucht Freihand, wie man sie mag,
Tag für Tag.

Plötzlich...
fühlt man Tage rinnen,
eh` die Ruhe recht begann.
Man möcht` Zeit zurückgewinnen,
doch sie eilt so schnell von hinnen,
dass man sie nicht halten kann,
Mannomann!

Sonnenbrand, gar Sonnenstiche,
gefahrvoll brennen Sonnenstrahlen,
Wespen- oder Bienenstiche,
abendliche Mückenstiche,...
und man muss stets zahlen, zahlen,
das sind Qualen!

Erholung ist drum ad absurdum,
man sehnt sich – ei! – nach Schaffenstagen,
Summa und summarum
kommt beim Urlaub nicht viel rum.
Zum End` von diesen Urlaubstagen
spür ich, muss ich offen sagen,
manchmal gar ein Wohlbehagen.

Ferien mit EUCH

Kurkonzert,
Klänge berühren mich.
Heckenrosenduft!
Hohe Halme wiegen sich im lauen Wind,
darüber, vor weißer Wolkenflocke -
eine Möwe.
E u c h fühle ich neben mir.
Nicht denken,
zeitlos leben,
nur empfinden.
Trockener Boden
trinkt warmen Regen
mit allen Poren.

Reisehoffnung

Ich hoff bei jeder Bildungsreise
sie mache endlich mich mal weise.
Doch ob Athen oder Mykene –
es stören immer wieder jene
höchst lächerlichen Kleinigkeiten
die Bildung sich in mir zu weiten.
Mal ist es der profane Durst,
mal Appetit auf Ei, Brot, Wurst ...,
was überdauert Trinken, Essen,
das scheitert letztlich am Vergessen.

Auf der Buhne

Wenn des Meeres graue Wellen,
hart gedrückt von steifen Stürmen,
lang gestreckt dem Strand zuschnellen,
sich zu Wasserbergen türmen,
immer ungestümer eilen,
Farbe grün, dann braun wie Sand,
Wellenkämme sich nun teilen,
stürzen ungestüm zum Strand,
Wellenfetzen schieben, fliegen
Sandgerölle mit sich reißend,
loopinggleich nach vorn sich biegen,
kocht die Gischt
wild sprühend, gleißend.
In der rauen Wasserhölle
klirren auf der Woge Sohlen
rasselnd Meeres Strandgerölle...
Schaum zerfließt -
... ein Atemholen.

Schauspiel – ewig so gespielt...
Ich sitz hier auf Buhnen-Quadern,
auf die die Gischt so schäumend zielt,
fühl das Wogen in den Adern.
Meer stets fesselt, fasziniert,
Meer birgt Liebe, Tod, Verderben,
Meer zugleich auch impliziert:
Lebenswiege – nicht nur Sterben.

Am Ufer der Seenplatte

Seen, stillverträumt,
plan in dunklem Grün,
teils vom Wald umsäumt,
Sommerblumen blüh´n.
Vogel singt sein Lied
seenah im Gesträuch,
Wind leis Schilf durchzieht,
wisperndes Geräusch.

In des Himmels Blau
Wolkenflocken steh`n,
spiegeln sich im Grau
der verschlafnen Seen.

Reusenstangen starr,
uferseits im Ried
zeugen nur bizarr
Mensch als Ränkeschmied.

Sonst stört die Natur
keines Menschen Schritt,
ich, in stiller Flur,
weil als Eremit.

Wer das Kleine sieht
braucht das Große nicht,
wer dem Grellen flieht,
sieht im Dunkel Licht.

Still ruht hier die Zeit
wie zu Urbeginn,
macht die Seele weit,
führt zu Wurzeln hin.

Morgen am See

Liebliche Landschaft –
überflutet von goldenem Morgenlicht.
Durch das Geäst der Bäume
schimmert das Blaugrün des See´s..
Nur das Fiepen junger Blesshühner
und Haubentaucher
unterbricht die Stille

In seichter Uferzone verharrt ein Reiher.
Sein Spiegelbild zittert
auf der blanken Wasserhaut.

Zwei breite Kondensstreifen
zerschneiden zornig den stahlblauen Himmel.
Vor mir, im schütteren Laub der kranken Eiche
spottet gellend ein Schwarzspecht.
Mächtige Eichen sterben leise.

Abend am See

Wie glühend Stahl, so taucht die Sonne in den See.
Bald wird der Wasservögel Schnattern auch verstummen.
Noch springen silbern kleine Fische in die Höh'
nach Mücken, die in Schwärmen überm Wasser summen.

So fällt für mich ein reifer Tag
von meinem herbstlich bunten Lebensbaum.
So sehr ich mich dagegen stemmen mag,
ich seh` ihn fallen, machtlos wie im Traum.

Und morgen?
Ich tanze unbekümmert – gleich den Mücken –
spür` dennoch in des Alltags–Tanz ein leises Mahnen;
noch seh` ich Fisch und Vogel nicht und andre Tücken,
den Abend schon und von der Nacht ein leises Ahnen.

Momentaufnahme am Strand

Blauer Himmel, gelbe Sonne,
Brandungszone, voller Wonne
tummeln sich die Badeleiber,
hellauf kreischen junge Weiber,
die ekstatisch voll Vergnügen
auf den Wellenkämmen liegen.
Lebensfreude, helles Lachen,
prall gefüllt Bikinisachen ...

Dicht am Strand auf Ufersteinen
ungerührt – so möcht` es scheinen –
träumt ein Alter, denkt versonnen
an die Zeiten, die verronnen.
Lachend ihm die Mädchen winken ..,
seine immer jungen Augen trinken... .

Gewitterabend am See

Wie Pergament,
so plan, so faltenlos
träumst du der atemlosen Nacht entgegen.
Die folienglatte Haut lässt bloß
der silbrig springend Fisch bewegen.
Kein Lufthauch mag dich sonst erzittern,
schwach spiegelt sich der Erlen Schattenbild in dir,
von fern ein grummelnd leis Gewittern
aus Wolkentürmen dringt nach hier.
Doch dann durchläuft dich leises Beben,
des Monds perlmutt`ner Widerschein
bewegt sich wellig voll zum Leben,
lacht bald verzerrt in sich hinein.
Und du?
vom Abendfrieden eben noch beseelt,
zerrissen plötzlich nun, zerquält,
zerfurcht, zerwühlt,
tief aufgewühlt.
Gewittersturm lässt dich durchs Schilfrohr spritzen
auffunkelnd in fahlgelben Blitzen,
stöhnst schäumend auf,
musst Wolkenmassen
klatschend, rauschend in dich lassen.
Und doch sind`s grade die Gewalten,
die dich erhalten.

Springflut

Es peitscht der Sturm den Regen
scharf geißelnd übern Deich.
Das Wasser steht auf Wegen,
die matschig sind und weich.

Der Silberpappel Blätter,
sie blinken wild zerzaust,
durchs Schilf ein Graupelwetter
im Sturmwind rasend braust.

Die Leinen an den Stangen,
die hämmern hohl ans Rohr.
Der Schäfer schließt voll Bangen
nach letztem Schaf das Tor.

Den Priel, zernagt, geschunden,
verschlingt das Meergebraus,
der Schäfer ist verschwunden
im reetgedeckten Haus.

Es peitscht der Sturm den Regen
mir Träumer ins Gesicht,
ich suche nach den Wegen –
im Reethaus flackert Licht.

Meer

Meer
Ursprung des Lebens,
schäumende, spritzende Gischt!
In silbernen Wellen sprühend sich bricht
das gleißende, blitzende, schillernde Licht.
Mit Bewegung -
ohn` Regung wallt es einher;
Herberg` des Lebens – gleichmütiges Meer,
kennt nicht Liebe, nicht Hass,
nicht Mitleid, nicht Spaß.
Gefühl scheint ihm ferne,
nah` Sonne, Mond, Sterne,
Füllhorn des Gebens -
Nehmer des Lebens.
Meer
Wiege und Grab,
gebärend, aufrichtend,
Leben vernichtend,
Woge brach Stab,
Fels ward zu Sand,
Sand wird zu Strand,
Strand wird zu Land,
Land wird zu Sand ...,
fern sind DIR Zeiten,
atmest Gezeiten
in Ewigkeiten.

Badezeit

Sonnenlicht
im Meer sich bricht
Himmel blaut
heiße Haut
rasch einschmieren
ölig Schlieren
auf Wellenklippen
wibbelnd wippen

Tropfen blitzen
Fluten spritzen
durch den Sand
hin zum Strand
und mit Spaß
rein ins Nass
erstes Frieren
Zurück-marschieren
Zähne klirren
Spritzer schwirren
innehalten
vor dem Kalten
neuer Mut
jetzt geht`s gut
laufen sputen
in die Fluten
Wellen
schnellen
oh wie gut
Kühle tut
sich überwunden
drehen wir Runden
sind wieder frisch
du und ich

Betrachtungen eines Kurgastes

Alle woll´n sie durch die Kur
Gesundheit sich erwerben,
mit Diät und mit der Fastenkur,
sie möchten alles tun, doch nur,
nur eines nicht: früh sterben.

Sie lesen manchmal dicke Schwarten,
vergessen schnell, was drinnen stand.
Sie schreiben auf den Ansichtskarten
an jene, die zu Hause warten,
vom Wetter und vom Geldaufwand.

Sie schreiten durch die Kuranlagen
und trinken Aqua-minerale,
quälen durch Hungern ihren Magen,
nicht jeder kann Roh-Kost vertragen,
- auch Äpfel nicht - so ganz mit Schale.

Die Dame dort, schon grau meliert,
- hier haben Bäume nicht nur Schatten -
mit einem jungen Mann flaniert,
sie flirtet viel und ungeniert.
„Es regnet viel“, schreibt sie dem Gatten.

Die Bäume stehen grün im Laub,
der Himmel predigt Sommerwetter.
Die Menschen wirken grau wie Staub,
es fällt schon ihres Daseins Laub
auf ihres Lebens Bühnenbretter.

Drei alte Herren spielen Karten,
die Frauen legen Domino.
Zuhause Enkelkinder warten
Und auch ein unkrautvoller Garten...,
fernher weht Bruch´s Adagio.

Ich fühl´, es zupft Melancholie
der Seele tiefe Saiten,
es rührt mich an, die Melodie,
das Heimweh nagt, - und irgendwie
möcht´ ich von dannen gleiten.

Des Alleinseins bin ich gründlich satt,
ich brauch Massagepause!
Ich pfeif auf Moor- und Seltersbad,
den, der mir dies verordnet hat,
bitt ich: „Lass mich nach Hause!“

Vom Mitleiden

Durchs Strandgebiet von Norderney
klang einer Dame Wehgeschrei.
Des Strandkorbs schweres Stahlscharnier
hatt` den Zehennagel ihr
derart schmerzhaft eingeklemmt,
dass sie weinte ungehemmt.
Hoch ragt der Nagel in die Höh`
vom blutverschmierten „Dicken Zeh“.

Man sah Passanten voller Grausen
erschreckt, entsetzt von dannen sausen.
Der andern Menschen Mitleid quoll
aus allen Mündern übervoll.

Man trug ihn mit, den Schmerz der Armen,
voll Mitleid und mit viel Erbarmen
Und dennoch, selbst das größte Weh,
schmerzt nicht so sehr am fremden Zeh.

Rentner-Reisen

Schwer schwankt der volle Bus heran.
Lauter graue Rentnerköpfe,
reisehungrige Geschöpfe,
vierzig Frauen und ein Mann.

Jammernd über wehe Glieder
streben sie hin zum Cafe´,
und zu Kuchen, Kaffee, Tee,
setzen sie sich ächzend nieder.

Törtchen füllen ihren Leib,
die sie besser draußen ließen,
doch für sie ist das Genießen
alters-schönster Zeitvertreib.

Von dem Wetter wird gesprochen,
von den vielen Krankheitsplagen,
die´s im Alter gibt zu tragen
und von wehen, morschen Knochen.

Kaffee weckt die Lebensgeister!
Plötzlich kann man Kräfte zeigen,
noch mal erste Geige geigen,
locker wird die Sprache, dreister.

Es hebt an das Renommieren.
Mit unzähl´gen Luxusreisen,
kann man Tüchtigkeit beweisen
und den andern imponieren.

Malediven, Rom, Athen,
Nordkap wie auch Philippinen…
Alles ward – mehrfach (!) - von ihnen
reisend bereits angeseh´n.

Wenn der Rentner so auftrumpft,
schwelgt in seiner Reiselust -
wird dem Hörer klar bewusst,
wie der Globus doch geschrumpft.

Wieder schwankt heran der Bus.
Was? Schon fort?
Das ist nicht schön!,
- von den Mühen abgeseh´n,
die man so ertragen muss:
Essen, trinken, reden, kauen,
sitzen, gehen und verdauen,
zahlen derart hohe Preise!
Hart ist Rentners Rentnerreise;
dennoch fügen wir uns eben
in dies schwere Rentnerleben.

Vom Verreisen

Ein Trieb, verankert in des Menschen Genen,
drängt ihn, in ferne Länder vorzudringen.
Es lässt das Fernweh und ein Sehnen
beim Aufbruch Ängste niederringen.

Drum, steht auf Reisen dein Begehr,
flieh`n in die Ferne deine Träume,
ist höchstes Glück doch Wiederkehr
in heimatlich vertraute Räume.

Autoschlangen-Giftigkeit

Ferienfahrt - entspannt begonnen,
ist dann oftmals rasch zerronnen,
wenn die Sonne glühend knallt
auf das Auto, auf Asphalt.

Wenn man hinterm Steuer sitzt
und aus allen Poren schwitzt,
schwindet oft bei solcher Schwüle
eines weisen Kopfes Kühle.

Üppig wuchert der Verdruss,
wenn zu allem Überfluss
man sich noch verfahren hat
- oder, wenn ein Reifen platt.

Plötzlich vorn, wächst eine lange
bremslichtrote Autoschlange.
Hintermann – zu dicht ran,
Vordermann – Bremslicht an!

Zeit kriecht – wie die Autoschlange –
langsam, stetig wird mir bange,
zu dicht ran, der Hintermann,
Bremslicht an – beim Vordermann!

Weit, so weit das Auge reicht,
diese Abgasschlange schleicht.
Vordermann – Bremslicht an,
Hintermann - zu dicht ran!

Gut, wenn über´n Vordermann
ich mich kräftig ärgern kann!
Er ist dann – als Blitzableiter
allen Zorns – mein Wegbegleiter.

Dieser Sonntagsfahrer-Trampel!
Sieh, jetzt träumt er an der Ampel,
bohrt gelangweilt in der Nase,
übersieht die gelbe Phase.

Wütend drück ich auf das Horn.
Jetzt schießt er erschreckt nach vorn.
Oh, da hat er doch... – verdammt!
einen Lkw gerammt!

„Wer ist“, frag ich, „letztlich schuldig?
War ich bissig, ungeduldig?“
Nun, ein Grund erscheint mir triftig:
Auto-Schlangen machen giftig.

Auf dem See

Lass die Seele baumeln
rings im Frühlingsgrün,
lass Gefühle taumeln,
in die Weite zieh´n.

Vögel zwitschern Lieder,
fern ein Kranichzug,
Wellen auf und nieder
plätschern vor dem Bug.

Laue Winde säuseln
raschelnd durch das Ried,
silbern Wellen kräuseln
wenn der Fisch durchzieht.

Trinket, trinkt ihr Augen,
Schönheit dieser Welt,
lass die Seel´ einsaugen
das, was ihr gefällt!

Badeurlaub

Badezeit an Sonnenstränden...
Himmel, Erde, Wasser, Grün,
lässt aus wohlvertrauten Wänden
Schwimm nebst Frau zum Strand hin zieh`n.

Badekleidung, bunte Tücher,
Oberkörper weiß entblößt,
manche knabbern, lesen Bücher,
Emil Schwimm sitzt da und döst.

Unermüdlich ringsum schmieren
sie die feisten Körper ein,
auf dem Wasser schwimmen Schlieren,
schillernd bunt im Sonnenschein.

Von den sozialen Schichten
bleibt - fällt die textil´ne Hülle -
körperförmlich die verwischten
Maße nur der Körperfülle.

Kaum erkennbar: arm und reich,
wenn Schwimm in die Runde sieht.
Fast sind alle Menschen gleich
- bis auf jenen Unterschied.

Was bei Männern altes Recht:
Oberkörper zu befrei´n,
muss dem schöneren Geschlecht
ebenfalls gestattet sein.

Manche lässt, was noch verdeckt,
ungeniert dann auch bald fallen,
was manierlich war versteckt
darf ins Sonnenlicht nun prallen.

Rings - auch in den dicksten Bäuchen -
gärt, nach scheuen Seitenblicken,
junger Wein in alten Schläuchen
voll von männlichem Entzücken.

Emil Schwimm, der alte Knabe,
tut, als hätt` er nichts gesehn,
doch sein Imponiergehabe
gleicht dem, eines Hahn´s beim Krähn.

Was er sieht, ist ihm nicht neu,
doch es wallen die Gelüste,
und magnetisch schielt er scheu
nach den wohlgeformten Brüsten.

Dies bemerkt Frau Schwimm bereits
und legt ab ihr hemmend Bangen,
lässt die Früchte ihrerseits
ebenfalls im Blickfang hangen.

Mehr gilt oft das Lob dem Mut
als dem Lustobjekt,
besser wär`s, dies bliebe gut
stoffverhüllt dezent versteckt;

denn, wie wuchert die Natur
bei Frau Schwimm mit vielen Pfunden,
dabei brauchte sie doch nur
vorn zwei Punkte zart zu runden!

Eva, in dem Strandkorb acht...
- Emils Augen quellen über -
diese Augenweiden-Pracht!
Ach fürwahr, die wär´ ihm lieber!

Lotte Schwimm sieht seinen Blick,
denkt nur: „Schwimm, wie siehste aus:
Beine dünn, der Bauch recht dick,
bleich..., dein Anblick ist ein Graus!"

Während Emil Lottes Rücken
zart mit Sonnenmilch reibt ein,
denkt er still und voll Entzücken:
„Ach, würd´s Evas Rücken sein!"

Flirten und geschmiert zu werden,
ans Licht zu zerren was verhüllt...,
unsere Strände spiegeln wider,
was den Mensch mit Glück erfüllt.

In der Therme

Da reden sie und sitzen,
die Rentner in der Therme,
das Wasser dampft, sie schwitzen
und aalen sich in Wärme.

Wie Frösche in dem Pfuhle -
zwölf Köpfe, grau, teilglatzig
und sechs im Liegestuhle,
Gesichter froh bis patzig.

Ohrläppchen hängen lang und schlapp,
und Bauch und Brust voll Falten,
die Münder klappen auf und ab
- ein Schnatterbad der Alten.

Sie reden, wie‘s in Spanien war
und wie´s auf Chinas Mauer,
wie billig es in Sansibar,
wie lang der Flüge Dauer.

Man kennt die Welt ja als Tourist
von Island bis Kap Horn,
nimmt schließlich, wie‘s so üblich ist,
die Politik auf‘s Korn.

Wie viel wird da doch falsch gemacht!
Die Therme dampft, es kocht die Seele,
man glaubt, die Rentenstatik kracht,
weil Rentengeld doch fehle.

Kurzum, die Politik sei schlecht,
träg und bequem die Jugend,
erschreckend der Verfall von Recht,
von Werten und von Tugend.

In vielem hast du Rentner Recht,
doch denk beim Klagen immer:
Sind auch die Zeiten heut oft schlecht,
... sie waren schon mal schlimmer.

SITTENVERDERBTHEIT

Nee, wat sind de Menschen locker
heute so mit die Moral,
Bonzen, Penner, Pasters, Rocker...
im Jrunde sind se all ejal.

Von dem Anstand, den w i r lernten
is bei denen nix mehr drin,
weil sie sich davon entfernten,
guck ich meistens nich mehr hin.

Beispielsweise bei dem Baden
haben se fast nix mehr an,
manche tragen nur `nen Faden
mit `nem Lappen vorne dran.

Andre spielen pudelnackend
unscheniert noch Federball,
haben Spaß an dem, wat wackelt...
wohl auch am Kulturverfall.

Wenn se lachen, springen, toben,
schlenkert et beim Mann im Schritte,
bei der Frau, da schwappt et oben,
bei `nem Dicken in der Mitte.

Un dann woll`n se weiß uns machen,
harmlos sei die Spielerei!
Ha, da kann ick doch nur lachen,
im Jrunde is et Schweinerei!

Nee, wat sind de Menschen heute
schamlos, lasterhaft frivol,
dennoch fühl ick mir, ihr Leute,
im Jrund da mittendrin recht wohl.

Bildungsreise

Das Bedürfnis, sich zu bilden,
wie dasselbe weit zu reisen,
um in fernen Landgefilden
and`res sehen, hören, speisen
stillt man auf bewährte Weise
gern durch eine Bildungsreise.

Kaum im hochmodernen Bus
träumt man, Proviant durchblickend,
von so manchem Kunstgenuss,
der sie Seele bald erquicket.
Trotz des Hungers auf das Wissen
wird zunächst ins Brot gebissen.

Aus dem Bus ins Riesenschloss
eilen wir zur ersten Führung,
dort wird bis zum Dachgeschoss
sachverständig die Verschnürung
„integranter" Machtgespinste
aufgebröselt durch die Künste
der versierten Führerin,
dann im Vortrag mittendrin...,
neben mir ein knurrend Magen,
ich vernehm`s mit Unbehagen.

Nach dem Essen zweites Schloss...
Müder sich Besucher schleppen,
ihren Wissensdurst im Tross –
über soundsoviel Treppen,
durch Gemächer, Kemenaten,
schau`n auf Waffen, Golddukaten,
Möbel, archivierte Akten,
lauschen vorgetragnen Fakten,
die von blutigen Geschichten,
Folter, Meuchelmord berichten.
Lüstern hört man voll Int`resse
wie der König mit Mätresse...,

was und wo, wie oft und wie...,
ach, man hat ja Phantasie!
Dann, beim Schau`n der Kapitelle,
rülpste wer in der Kapelle
neben einem Sarkophag,
das war arg!
Ach, der Wein zur Mittagsstunde
stimmungsvoll ward er genossen -
ist in des Genießers Munde
schnell und reichlich wohl geflossen!
Schlösser, Landschaft, Kunstgeschichte –
plötzlich steh`n sie hintenan.
Fleischeslust macht oft zunichte,
was so willensstark begann.
Werden doch Prioritäten,
die der Geist so klug gesetzt
häufig durch Banalitäten,
Körpers Sinnlichkeit ersetzt.
Das Objektiv der Kamera
hält fest, was objektiv „man sah“.

Drum hört auf einer Bildungsreise
man`s klicken auf vielfält`ge Weise,
sonst wär` zu hoch der Reisepreis
für das, was man bald nicht mehr weiß.

Am Prominenten – Badestrand

Es lächelt der See, er lädt ein zum Bade,
doch führt dicht vorbei des Bad`s Promenade.
Man flaniert hier voll Würde. Am ganzen Gestade
ein Duft nach Parfüm, nach Crem`s, nach Pomade.
All das schreckt mich ab vom kühlenden Bade,
hier fehlt mir „Natur“, und das ist sehr schade.

Stippvisite im Kurort

Froh, im Luxusbus zu reisen,
fallen sie im Kurort ein,
hoffend, fürstlich bald zu speisen,
zu genießen schweren Wein.

Rasch schon schwinden die Distanzen,
locker prostet man sich zu,
diskutiert die Staatsfinanzen,
Rente, Krieg – nichts bleibt tabu.

Einig ist man: Weltprobleme
sind zu lösen niemals hier,
dass man sich des Menschseins schäme...
und man trinkt fortan nur Bier.

Plötzlich dann, was schien so schwierig,
politisch machbar nicht zu sein,
löst ein Gast – zwar ruhmbegierig –
immerhin doch ganz allein.

Ach, jetzt hagelt es Ideen,
jeder weiß ein wenig besser
guten Menschen beizustehen,
schlechte liefern an das Messer.

Alle geifern jetzt nach Ruhm,
aus dem Sprechen wird ein Grölen,
und mit starkem Bierkonsum
eifrig sie die Stimmen ölen.

Schließlich dann der Aufbruchbläser:
„Auf, der Bus kommt, zahlt das Geld!"
Übrig – neben leeren Gläsern –
bleibt problemvoll unsre Welt.

Frühstück in der Pension

Nie hat man sich je gesehen,
sitzt „sich plötzlich nebenan“,
lässt verstohlen Blicke gehen
zu Nachbarsfrau und Nachbarsmann.

Noch herrscht an den gleichen Tischen
- Bohnenkaffeewartezeit - .
Man stellt sich vor, es liegt dazwischen
eine Kluft Verlegenheit.

Nach den ersten heißen Schlücken
schwinden Heiserkeit und Scheu,
Kaffee fördert´s „Näherrücken“
bald ist man sich nicht mehr „neu“.

Marmelade, Brötchen, Ei...
schon ist – durch gelöste Zunge –
unbedarfte Fragerei,
Unterhaltung voll im Schwunge.

Pfauengleich stellt man sich dar,
.... durch den Vorsprung von zwei Tagen...
ach, wo überall man war,
wie viel Nichts gibt´s doch zu sagen!

Zwischendurch ein Anvisieren,
hat man Eindruck hinterlassen?
linst auf andrer Tischmanieren, ...
Ei mit Messer - nicht zu fassen!

Letzter Schluck spült letzte Pille.
Letzte Wurst und letztes Brot
wandern heimlich und in Stille
in den Beutel - dann „Grüß Gott!“

Regenmorgen im Hotel

Tapetenmuster mit tristen Strukturen
feuchtkalter Raum,
knarrende Schritte auf Treppen, in Fluren,
nachschwingender Traum.
Durchs windoffne Fenster
weht dämmrig der Morgen,
Gedankengespenster
der nächtlichen Sorgen
nunmehr erbleichen
bei wacher Sicht,
doch weichen
sie nicht.

Regenschauern.
Fern Glockengeläut
aus nassgrauen Mauern.
Gestern ward Heut.
Doch heut`oder gestern ,
vorgestern, morgen ...,
die Zeiten sind Schwestern
bleibender Sorgen.
Vom seelischen Drücken,
dem graukalten Bösen
wird`s nimmer mir glücken
mich jemals zu lösen.

Wie kann`s Tag in dir tagen
bei solchem Beginn?
Wie kann ich mich tragen
mit so schwerem Sinn?
Was kannst du mir, Leben,
durch Leben noch geben?

Ich trete ans Fenster
und werd` sie nicht los,
Gedankengespenster,
bedrückend und groß,
wähn` kaum es zu tragen
des Schicksals Gewicht,
da hebt`s an zu tagen ...,
Wolken zerreißen,
Strahlen gleißen,
L i c h t !

Vom Verzichten

Zu siebt sitzt man im Frühstückssaale,
acht Brötchen liegen in der Schale.
Und allen sieben knurrt der Magen,
doch niemand könnte es ertragen,
- und wär´ er noch so drauf versessen,
Brot acht den andern weg zu essen.

So reicht man höflich (aber dumm!),
das Brot x-mal im Kreis herum.
Ein jeder dankt voll Artigkeit,
und später ist es dann soweit:

Mit Abfällen von andrer Kost
wirft man das Brötchen zum Kompost.
Nur weil aus Dummheit man verzichtet,
wird Brot – und manchmal Glück – vernichtet.

In der Ferne

Eigner Apfel in der Tasche,
eignes Brot aus eignem Korn,
und das Wasser in der Flasche
ward geschöpft aus eignem Born.

Apfel, du, ich seh` den Baum,
von dem ich kürzlich erst dich pflückte,
Quell, ich hör dich wie im Traum,
als zum Schöpfen ich mich bückte.

Brot, ich atme deinen Duft,
seh` das Wogen noch der Ähren,
fühl` die linde Heimatluft ...,
lasse still den Traum gewähren.

Dieses alles bleibt mir nur
kurz begrenzt hier in der Ferne.
Als der Heimat Nabelschnur
bleiben bloß fünf Apfelkerne.

Hellhörig ...

(Regenstunde im Hotel)

Regen ist ja oft ein Segen
- nicht jedoch ein Urlaubsregen!
Heute hier am Urlaubsort
gießt's seit Stunden immerfort.
Gegen vierzehn Uhr wird's heller,
Schirm gespannt, hinaus, doch schneller
als gedacht - zurück ins Zimmer;
denn es tröpfelt doch noch immer.
So gibt's Bess'res kaum zu tun,
als ein Stündchen noch zu ruhn.

Kaum hat man sich hingelegt,
hört man, wie's im Haus sich regt.
Hin und her vernimmt man Schritte,
Stimmen rechts, links, in der Mitte.
Einer dieser Feriengäste
niest und hustet laut und feste.

Oben pullert wohl Frau Krause,
Wohnung links - da rauscht die Brause.
Oben, wie man hören kann,
pullert nun Frau Krauses Mann,
kurz danach folgt Tropf auf Tröpfchen ...,
- Opa Krause nutzt das Töpfchen.
Rechts tönt laut, mal lang, mal kurz,
klar vernehmbar ... sogar das.
Wasserspülung rechts, dann oben,
unten scheint ein Mann zu toben,
Zanken, Schimpfen, rauschend Klo,
Pullern, Schritte, Radio.
Oben links jetzt lautes Tropfen,
unten rechts ein rhythmisch Klopfen
übt dort wohl ein Sportler gar?
– Wohnt da nicht das junge Paar?
– Nun ist aller Schlaf verflogen.
Wolken sind davon gezogen,
Sonne lacht, - die Wanderschuhe
angezogen - raus und Ruhe.

In der Heide

Die Sonne gleißt, der Himmel blaut,
die Lerche jubiliert,
sonst Stille, blühend Heidekraut
weithin die Landschaft ziert.

Der Blick schweift übers Blütenmeer ...
der Holderstrauch in dunklem Grün,
und lichte Birken stehn umher,
Heidschnucken durch die Heide ziehn.

Die Bienen sammeln unverdrossen
die süße, schwere Heidetracht,
bald ist das Sammeln abgeschlossen,
es folgt der Herbst mit bunter Pracht.

Der sanfte Wind ist eingeschlafen.
Ein Hirt, gestützt auf seinen Stab,
wacht unbeweglich bei den Schafen,
verirrtes Lamm blökt leis fernab.

Ich saug den Frieden in mich ein,
was kann das Leben Schönres geben?
Ich lass das Schreiben, Dichten sein,
möcht nichts als still dies Jetzt erleben.

Abschied vom Strand

Sacht verebbt das Ferienlärmen,
Abendruh sinkt auf den Strand,
Silbermöwen ziehn in Schwärmen
vor der hellen Wolkenwand.

Selbst das Meer rauscht leis verhalten,
ringsum - bis auf's Rauschen - Stille,
Mondlicht streut durch Wolkenfalten
Silberlicht auf Strandidylle.

Perlmuttglanz auf breiten Prielen,
Austernfischer, aufgeschreckt,
auf dem Flug zu neuen Zielen,
Wolke halb den Mond verdeckt.

Letztmals gilt es: Kraft zu tanken,
würzg´en Duft nach Tang und Meer
einzuatmen, still zu danken –
Abschied nehmen fällt gar schwer.

Ferien-Ende

Himmel blau und wolkenleer,
in der Luft Duft der Zitronen,
nochmal Geist und Körper schonen!
Vor mir rauscht türkis das Meer.

Bald heißt`s :Ferienzeit ade!
Noch mal unter Palmenbäumen
von den Urlaubsfreuden träumen,
„schön war`s“ - ist mein Resümee.

Ach, wie sehr ich mich auf`s Neue
dennoch auf das Alte freue!
Eig`nes Bett und trauter Herd,
ist, was letztlich lebenswert.

Heimat, schön – trotz mancher Mühe!
Auf den Weiden bunte Kühe,
Berge, Täler, grüne Wälder,
Hühnergackern, Ährenfelder.

Heimweh auf dem Erdenstern
liegt den Weltenbürgern fern.
Doch bei mir scheint allerwegen
daheim die Sonne – selbst bei Regen.

Natur im Wechsel der Jahreszeiten

Willkommen, neues Jahr!

Das alte Jahr - wie es auch war -
wir haben es erfahren.
Das neue Jahr und was es bringt
und ob es lacht. ob`s weint, ob`s singt
liegt für uns nicht im Klaren.

Mit Glockenschlag
zum ersten Tag,
mit Feuerwerk und Knallen
dir unser Gruß nun gelten mag,
wirst du uns auch gefallen?

Ach sei so gut
und schenk uns Mut
durch deine Zeit zu wandern.
Halt ab die Not,
bring Frieden, Brot
für uns und für die andern!

JANUAR

J a n u a r im Dauerregen,
Nebelschwaden überm Tal,
selbst kein Hund ist zu bewegen
eine Pfote nur zu regen,
jetzt hinaus, das wär` fatal!

Letzter Schneerest braun und patschig
schmilzt am Straßenrand dahin,
unter Stiefeln quillt es quatschig,
Weg und Wiesen weich und matschig,
trüb und trostlos Welt und Sinn.

Suchend noch nach Haselnüssen
pfeift ein Kleiber durchs Geäst.
Ob sich zwischen Regengüssen
von des Herbstes Nussgenüssen
rasch noch etwas finden lässt?

Spatz und Spätzin - leicht zerstritten –
schilpen hoch auf dem Kamin,
Kinder, die nebst ihrem Schlitten
unter Schneearmut gelitten,
sehen traurig Wolken ziehn.

Wenn doch das als Schnee nun fiele,
was als Regen runterfällt –
ach, was gäb es dann doch viele
herrlich winterliche Spiele
in der weißen Wunderwelt!

FEBRUAR

Beschneite Fläche
puderzuckerweiß,
muntere Bäche
stumm unterm Eis,
kristall`ne Bäume
schneefunkelnd warten
- versunken in Träume -
im schneesaub`ren Garten.

Durchknisternd das Schweigen
tanzt sacht aus der Höh
in wirbelndem Reigen
der Februarschnee.

Ist auch der Winter noch eisig und fest
zippt doch schon die Meise im Kirschbaumgeäst
- wenn auch noch leise -
die Frühlingsweise.

Märzmorgen auf dem Friedhof

Laue Luft weht schmelzendes Nass
aus vermatschenden Schneeresten.
Warme Lichtbrücken zwischen dem Finster,
der im Schatten liegenden Grabreihen
und den durch warme Märzsonne
zum Leben erwachenden Bereichen.
In der knospenden Trauerweide
zippt die Meise ihre Frühlingsmelodie.
Werbend schmettert der Buchfink
auf der kleinen Zypresse seine Jubelstrophen.
Vorfahren harren ihrer Auferstehung
in der Substanz lebendiger Erde.
Bereich menschlicher Gräber –
Geburtsstätten neuen Hausstands.
Findet der Buchfink einen besseren Platz
für zu gründendes Leben,
als über Gräbern,
in denen so viel Liebe ruht?

März-Impressionen

Die Sonne strahlt, der Himmel blaut,
es grünt und blüht in Fülle,
und überall – mir wohlvertraut –
riecht es nach Mist und Gülle.

Der Liebe voll die Drossel singt,
lässt mich von Liebe träumen.
Erinnernd Glück durch`s Herz mir schwingt,
ich möcht` fast überschäumen.

Wie schön war doch die Jugendzeit!
Verträumt seh ich ins grüne Land,
da bricht die stille Traulichkeit
die frühlingskalte Wolkenwand.

Mit ihr hinfort der Sonne Schein,
fort auch Erinn`rungsfülle,
ich steh verloren und allein
im zarten Duft der Gülle.

März

Dämmrungsmorgen, junger Tag,
Licht fällt durch die Nebelschlieren.
Dann, mit erstem Drosselschlag
hebt es an, das Jubilieren,
Zwitschern, Zwatschen,
Schwatzen, Tratschen ...,
Vogelstimmen klingen,
hundertfaches Singen
traute Vogellieder
hallen in und um uns wider.

Schneeglöckchen nebst Märzenbechern
- bunte Tupfen, dicht an dicht -
bieten Bienen, die gleich Zechern
schlürfen aus den Blütenbechern
Nektar schon im Morgenlicht.

Wabernd warm haucht um die Ohren
wohlig weiche Frühlingsluft,
und ich schmeck` mit allen Poren
manchen wohlbekannten Duft.

Störend in des Lebensfülle
ist, dass stets im März – seit Jahren (!) --
Bauer Müller seine Gülle
duftbetäubend ausgefahren.

Frühlingsschnee

Februar ist längst vorbei,
vergessen fast die Winterzeit,
ausgerichtet auf den Mai
webt die Natur ihr Frühlingskleid.

Meine Seele wird so leicht!
Fröhlich sing` ich Frühlingslieder,
Seelenschutt des Winters weicht,
beschwingt kehrt Lebensfreude wieder.

An Baum und Strauch schon grüne Triebe,
der Meisen Läuten klinget leis`,
und neu erwachen wird die Liebe ...,
doch da ist alles wieder weiß.

Lautlos fällt die Flockenherde,
eisig deckt sie alles zu;
und die hoffnungsgrüne Erde
sinkt zurück in Wintersruh.

Flockig weicher Watteschaum
legt sich sanft auf jeden Ast,
märchenhafter weißer Traum
wird gar bald zu einer Last.

Tief saug ich ein die frische Luft.
Die Frühlingsstimmung ist vorbei.
Eisblumen jetzt statt Veilchenduft,
dennoch: Ganz sicher kommt der Mai!

Ende März

Graue Wolkenglocke
kalter Nordwind
herbstgleicher Nieselnebel
schwere Stiefel
müder Schritt
wehes Herz
lichtspürendes Gezweig
platzende Knospen
jubilierende Drosseln
glimmendes Frühlingsfeuer
entfacht mein Herz.

Mein Frühling

Frühling, fröhlicher Geselle,
plötzlich hüpfst du durch das Land,
lässt es grünen, blitzesschnelle,
lässt es blühen an der Stelle,
wo der Schneemann kürzlich stand.

Mein Frühling, bunter, lust`ger Wicht,
wo hast du all die Blüten her?
Ja, farbenfroher geht es nicht
und Vogelsang und Maienlicht,
all das bringst du uns her!

Voll Blütenduft ein lauer Wind.
In mir, da jubelt`s sehr.
Wie schön Herbst, Winter, Sommer sind,
ich lieb der Jahreszeiten Kind,
dich, Frühling, doch noch mehr.

APRIL

Himmel
- eben blau -
jetzt bleistiftgrau
schwefelgelb überhaucht
ins Dunkel getaucht
fahles Licht
Himmel bricht
aus Wolkenmauern
Graupelschauern
Westwindwehen
Wolken vergehen
am Himmel nur hetzen
noch Wolkenfetzen
grellheiße Sonne
voll Regentonne
Tropfen blitzen
Straßen schwitzen
dampfender Teer
von Westen naht her
neue Wolkenwand

Es macht – wie bekannt –
mal eisig, mal kühl,
mal gewittrig, mal schwül,
mal trocken, mal nass
mit uns seinen Spaß
just wie er grad will
der munt`re April.
Er ist dabei
schaut man ihm zu,
in mancherlei
wie ich und Du.

ERSTE SCHWALBE

Urplötzlich,
heut` morgen,
vergnügt, ohn` Sorgen
war sie da!
Aus Afrika!
Hier, im Stall bei den Kühen!
Vergessen die Mühen!
Zwitschert begeistert:
„Hab Strapazen gemeistert,
halbe Welt überquert,
mich Gefahren erwehrt,
durch Stürme gezogen,
ein Meer überflogen
und Wüsten und Seen.
Hab` Gletscher geseh`n
und Menschen,
ganz anders,
- mit Turban -
woanders.
Doch jetzt bin ich hier,
wieder bei dir.
Einen Sommer lang Pause,
e n d l i c h zu Hause!"

Ich hab nur geguckt
und ganz tief geschluckt.
S i e zwitschert und zwatscht,
jubilieret und tratscht
mit einer andern,
vorm Fenster,
vom Wandern.
Huscht hinaus in die Sonne,
zwitschert vor Wonne.
Schießt davon wie ein Pfeil,
allmählich, dann steil,
singend Kehle und Herz
hinauf, himmelwärts...

Ich bleib` schauend zurück.
Ach, welchen Berg Glück
brachten mir eben
zwanzig Gramm Vogelleben!

Aprilabend

Erwachender Wald.
Abend-sonniger Lichtschleier
auf braun-lila schimmernden,
schwellenden Knospen.
Am Waldrand
lind-grüner Hauch
sich entfaltender Blättchen,
vom Licht geweckt,
von kalten Aprilschauern
heraus gewaschen
aus platzenden Knospen.
Melodisches Lied der Drossel,
schwingend
in Schwermut und Leichtigkeit,
hallt in mir wider.
Jahrespuls pocht rascher.
Müde Beine halten kaum Schritt,
wohl aber mein Herz.

Ostermorgen

Leichter, frischer Wind aus Nord
treibt die letzten Wolkenschleier
zu des Lebens Frühlingsfeier
von des Himmels Stahlblau fort

Horizont, leicht dunstumsäumt,
kündet Sonnenschein von Dauer;
fern längst Schnee- und Graupelschauer,
weiß ein Schlehenbusch dort schäumt.

In des Waldrands Ilexecke
- sonnbeschienen, spiegelblank -
grün-umrankt die Eichenbank.
Müd` ich meine Glieder strecke.

Weißer Birken Knospengrün
dränget keck aus schwarzen Zweigen,
Hummeln gaukeln wie im Reigen
brummelnd übers Moos dahin.

Sonne strahlt mit Sommerkraft.
Still sitz ich hier unterm Winde,
streich der alten Birke Rinde
spür`: noch steigt in uns der Saft.

Sonne wärmt den müden Leib.
Eins sein mit Natur, mit Bäumen
still hier sitzen, schweigen, träumen,
- Lebens schönster Zeitvertreib!

Mai

Wenn der Saft lässt Triebe schießen,
bunt getupft die Blumen sprießen,
wenn das Grün am grünsten deucht,
wenn die Vögel Hausstand gründen,
alles, was da kreucht und fleucht
artgemäß der Welt verkünden,
dass es jetzt am schönsten sei,
dann ist Mai.

Schlaff gewähnte Muskeln, Knochen
zeigen sich jetzt ungebrochen.
Stumm wird grauer Tage Klagen,
angesichts des Sonnenlichts
wandeln sich die Winterplagen
unerwartet in ein Nichts.
Geschlechter... gibt es zweierlei,
fühlt jetzt mancher Mensch im Mai.

Herren zeigen sich galanter,
Damen wirken eleganter,
kurz die Röcke, eng die Blusen,
Träumerei vor`m Eiscafe,
Jugend zeigt die Lust zum Schmusen
ungeniert beim T.a`T ...
Locker, leicht und sorgenfrei
ist man derart nur im Mai.

Jeder fühlt sich leicht beschwingt,
spürt, wie's in ihm jauchzt und klingt.
Gar der Nachbar Knurr, man staune!,
dem niemand was recht gemacht,
zeigt im Mai nun gute Laune,
gestern hat er gar gelacht!
Ja, er steckt voll Zauberei,
dieser Mai!

Auf eine kommts nicht an

„Auf eine kommts nicht an“,
sagte der satte Junge, als er die Schnitte weg warf.
„Auf eine kommts nicht an“,
sagte der Bursche, als er die leere Flasche ins Unterholz schleuderte.
„Auf eine kommts nicht an“,
sagte der Ehemann zu seiner schwangeren Frau, als er ihr eine Zigarette anbot.
„Auf eine kommts nicht an“,
sagte der Ausschussvorsitzende, als er eine neue Startbahn befürwortete.
Auf eine kommts nicht an“,
sagte der Regierungschef, als er eine Atomversuchssprengung anordnete.
„Auf eine kommts nicht an“,
sagte der liebe Gott, als er die Erde den Menschen überließ.

Maimorgen

Ins Maiengrün
lodert die gelbe Flamme
des Ginsters.
Unter stahlblauem Himmel
satt-grüne Landschaft,
getaucht in glasklares Licht.
Von der weißen Birke
rieselnder grauer Mull
fressender Raupen.
Hungrigen Mägen
liegt Ästhetik fern.

Der Mai

So, als käme er zu spät,
ist er hastig, duftend, still
über Nacht ins Land geweht.
Er beginnt, was der April
hinterlassen an Unbill
mittels Blütenschäumen
schwelgend fort zu räumen

Knospen zu vielfält'gem Grün
im Maienregen platzen.
Wolken nun von dannen zieh´n ,
übermütig schilpen Spatzen,
und die Schwalben fröhlich schwatzen
von der Heimkehr nach der Reise,
herrlich ihre Jubelweise!
Jeder fühlt, dass die Natur
schwebt in Flitterwochen,
bunt geschmückt ist rings die Flur.
Und ich selbst - mit müden Knochen –
eben schlapp daher gekrochen
fühl es in mir klingen,
heb´ an mit zu singen.

Glockenblume

Glockenblume blau -
wenn ich dich anschau`
weicht des Lebens Grau,
wird es in mir licht.

Zarte Stängel heben,
deine Glocken schweben
sanft im Wind und streben
himmelauf zum Licht.

Grüne Blätter schmiegen
sich lanzettlich, liegen
stängeldicht und wiegen
atmend hin zum Licht.

Himmelwärts gerichtet
ist in dir verdichtet
stolz, zugleich auch schlicht:
Schöpfungsangesicht.

Maikäfer

Mein Großvater sammelte früher Maikäfer
im Wald.
Mein Vater zeigte mir früher Maikäfer
im Wald.
Mit meinem Sohn sammele ich heute Büchsen und Flaschen
im Wald,
d i e werden nie alle.

Frühling an der Burgruine

(Wertheim)

Alte Burg im jungen Frühlingslicht,
der Boden dampft vom Regenfall der Nacht.
Die Veilchen duften, blühen dicht an dicht,
und Buschwindröschen sind erwacht.
Rotkehlchens schmelzender Gesang
schwingt her aus taubenetzten Zweigen.
Lau weht die Luft am roten Mauerwerk entlang,
ringsum wiegt alles sich im Frühlingsreigen.

Zitronenfalter schaukeln sich durch Duft und Sonne,
Symbol des Lebens, Höhe der Gefühle,
zugleich erspürend, dass des Frühlings Wonne
nur solche sein kann – durch des Winters Kühle.

Wir atmen in uns ein den Augenblick
und steh`n bewundernd still, Frau, Kind und ich.
In dies erlebte, ewig junge, alte Glück
schmiegt leis Gedenken früh`rer Zeiten sich.

Gefühle hier, wo sie vor langer Zeit zertreten
in Knechtschaft, unerbittlich hartem Fron,
vergeblich ringend, suchend in dem Beten
um Freiheit, als des Duldens Lohn.

Romantik – erwachsen hier aus Blut und Tränen –
ließ einen Augenblick die Wirklichkeit entfliehn ...
Dennoch, es ranket weiter unser Sehnen
um`s Mauerwerk wie Efeugrün.

Gründonnerstag

Melodisch, ineinander verwoben
fallen der Drossel warme Klänge von dem höchsten, schütteren,
doch noch grünen Fichtenwipfel.
Sie verbinden sich
mit dem verhaltenen schmelzendem Gesang des Rotkehlchens,
jeden berührend, der sich noch anrühren lässt
von den leisen akustischen Juwelen der Natur.
Am Waldrand zwackt die Meise mit ihrem Frühlingsruf
dem verdämmernden Tag noch einige helle Lichtminuten ab.
Eine Amsel, im vermodernden Laub des Vorjahres stochernd
huscht fort, fliegt in niedrigen, wogenden Bögen
zeternd und pinkend ins Unterholz.
Am Horizont quält sich quellwolkiger Dunst
über der von hier aus nur zu erahnenden Kraftwerklandschaft des
Braunkohlenreviers in den grau-blauen Abendhimmel.
Gleich einer winzigen Pfeilspitze
zieht ein Flugzeug hoch oben
eine breite, weißgelbe Trennungslinie zwischen Erde und All.
Menschen fliegen in ihm über
noch paradiesisch-irdische Oasen hinweg
ihren – vielleicht – synthetischen Erholungszentren entgegen,
vergeblich fern das suchend,
was sie nahe unerkannt überfliegen.
Ein letztes Jubilieren der Drossel verklingt verhalten.
Den warmen Ton noch in der Kehle schwingt sie sich hinab
ins düstere Gesträuch.
Würzig duftet noch die Erde.

Maienabend

Frühlingsluft
und Birkenduft,
Abendhimmel, still und grau.
Im Obsthof vorn ein Käuzchen ruft,
Maienluft umkost mich lau.

Alte Lieder
tönen wieder,
ungesungen still im Innern,
schwingen leise auf und nieder,
bringen Hoffen und Erinnern.

Lebensfülle!
In der Stille
wird's mir leicht, ich möchte fliegen,
schwebend in des Maien Hülle
mich in Frühlingsdüften wiegen.

Kirschenbäume,
weiße Schäume,
Blütenberge duften süß,
leiten mich mit zarten Träumen
in dies Frühlingsparadies.

Melancholie im Mai

,Lebensfroh und farben-sprühend
endet nun der Monat Mai.
Noch ist ringsum alles blühend,
Düfte strömen süß vorbei.

Sattes Grün und milde Lüfte,
laue Mainacht, Silbermond,
in dem Gärtchen voller Düfte
glückvoll meine Kindheit wohnt.

Über`m Heu, das liegt auf Schwaden,
hitzeflimmernd Maienwind,
ich, erinnerungsbeladen,
fühl` wie einst mich noch - als Kind.

Mutter häckelt auf Rabatten,
Vater wirkt im Bienenhaus,
dort her, aus der Linde Schatten,
Honigduft, Gesumm, Gebraus.

Jasmin, Holderstrauch und Nelken,
der Paeonien *) Duftaltar
ahnen - blühend noch - das Welken,
auch für mich verweht ein Jahr.

Gern würd` eisern fest ich halten:
Vogelsang und Duft und Grün,
doch ich frag mich bang, mich Alten:
„wann muss ich von dannen ziehn?“

Trotz der Wehmut: nicht nur träumen
in des Lebens Herbst vom Mai!
Lasst uns leben, nichts versäumen,
Mai und Herbst sind schnell vorbei!

*)Paeonien = Pfingstrosen

Juni

Maienkühle -,
Julischwüle -
Juni liegt dazwischen drin.
Schwalben schießen durch die Lüfte,
Heu, Jasmin und Sommerdüfte
schweben übers Land dahin.
Langer Tag,
jeder mag
die romantisch lauen Nächte.
Nicht in Worte einzubinden,
uns bewegendes Empfinden
offenbarer Schöpfungsmächte.
In der Stille
geigt die Grille.
Auf der Silberwolke thront,
- lässt der Bäume lange Schatten
streichen über grüne Matten -
leicht verträumt der gelbe Mond.
Glühwurmfunken -
glücksversunken
schwelgt, was ist, so wie im Mai.
Doch das Jahr steht im Zenit,
Wehmut schwingt in seinem Lied,
unser Mai
ist halt vorbei

Kalter Juniregen

Gelbgraue Nebelfetzen
jagen über den Hang,
heftige Windböen hetzen
Schauern am Himmel entlang.
Wolken, wasseratmend, schwer,
nasszipflig den Boden streifend,
mit nebligen Armen wild greifend
taumeln kaltsprühend einher,
werden durchs Tal gezwängt,
willenlos gedrängt,
spleißen entzwei
rauschend und spritzend,
sprühend und blitzend,
und die Massen,
die nassen,
hüllen die Erde ein.
Des Tages letzter Schein
wird hinunter gespült,
zerrissen, zerwühlt,
bleckt blass und fahl
noch einmal zu Tal.
Blätter, zitternd nach oben gewandt
blitzen wie Spiegel wider,
schemenhaft Kühe am Wiesenrand
senken die Köpfe nieder.
Nebel zerreißen
über dem Wald,
am Zweig Tropfen gleißen
– in mir ist`s so kalt.

Sommerstille

Himmel,
strahlend blau und weit!
Hier und dort - wie Wattebauschen -
Wolkenfetzen hingehaucht.
In Natur rings eingetaucht
liege ich hier, um zu lauschen
in des Jahres Reifezeit.

Sommersonne,
sengend heiß,
lässt die Halme, gelblich weiß,
in der Flimmerhitze knistern,
lässt sie wispern,
lässt sie flüstern
von der reichen Lebenszeit:
Kälte, Nässe, Frost ertragen,
grünen, blühen, Früchte tragen,
in des Lebens Rhythmus stehen,
aufwärts streben und vergehen,
unter Last der Frucht sich neigen
während tausend Grillen geigen.
Halme
kosen mein Gesicht.
Gern lieg` ich hier, um zu träumen,
um nur ja nicht zu versäumen,
wenn der Sommer zu mir spricht.

Sommermittag

Sengende Strahlen
geißeln bizarre Risse
in versteinernde Erde
Grillenmelodie
neben flimmernder Hitze
über schwarzem Asphalt
weißgrauer Staubschleier
verzehrt welkendes Grün
des Straßenrains
Hitze peitscht Menschen
zurück in kühle Häuserhöhlen

Sommersonnenwende

Es reift das Korn
wie auch mein Leben,
die Hitze flimmert über`m Jahr.
Noch bin ich vorn, noch kann ich geben,
doch aus dem „Ist“ formt sich das „War“.

Schon steht die Sonne im Zenit ...
ein Knistern in den prallen Ähren,
im Halmgrund der Zikaden Lied,
am Himmel Sommers Wolkenzähren.

Wenn nach dem Sommersonnenwenden
die langen Sommertage enden,
dann gilt`s besinnend sich zu fragen
ob man auch an den hellen Tagen
des Daseins Sinn bedacht,
die Scheuern voll gemacht!

Sommerabend im Dorf

Noch hängt des Sommertages Glut
auf abendstillem Dorf und hell bestaubten Wegen.
Am Sims wispernd die Schwalbe ruht.
Ein Bauer prüft die Luft auf Regen.

Die Fledermaus huscht um das Haus.
Ein Kauz im leisen Schattenflug
jagt an dem Feldrand nach der Maus,
der trockne Sommer bracht` genug.

Betäubend süß der Pfeifenstrauch,
der Bauer lehnt am Fachwerkhaus,
schmaucht selbstzufrieden Tabakrauch,
ein schlimmes Wetter bleibt noch aus.

Nachtfalter zieht`s zu der Laterne
in ungelenkem Zickzackflug,
ein Kinderlachen in der Ferne,
grad als die Turmuhr neune schlug.

Bedacht von greisen Lindenbäumen
beisammen alte Nachbarsleute,
versunken halb in trauten Träumen
leis reden sie vom schönen Heute,
und doch, wie Motten die Laterne
umkreist ihr Denken Jugendferne.

Sommerwald

Weiches Spiel der Strahlen
durch das Hallendach des Hochwaldes,
harter Wechsel zwischen Licht und Schatten,
lindes Grün, sonnengold durchwirkt,
weiche Kissen aus Moos
lassen die Füße schweben,
das Herz auch.
Am Boden:
zerbrochener Stamm,
verdorrtes Geäst,
zerfallender Wurzelstubben,
sprossendes junges Grün.
Werden und Vergehen
in Harmonie.
Glücklich zu wissen,
eingebettet zu sein
in den Wechsel der Stoffe
als unauslöschlicher Teil
der Schöpfung.

Juli

Ach, es ist kaum zu begreifen
wie rasch eilt die Zeit daher!
Juli lässt das Jahr schon reifen,
wie das goldne Ährenmeer.

Süß die Heckenrosendüfte,
Grillen geigen immerfort,
Hitze flimmert, heiße Lüfte,
Winde rankt, Gras braun verdorrt.
Wolkenwand, Gewitterschwüle,
stiller schon der Vogel singt,
und der Mensch sehnt sich nach Kühle,
Mädchen bummeln leicht beschwingt.

Ihre Kleidchen sind gar luftig
und die Arme samtig braun,
wie ein Frühlingsstrauß so duftig
herrlich sind sie anzuschau`n!

Hübsch gewölbt halb offnes Mieder,
und darunter freier Bauch,
zarter Po wogt auf und nieder
und die Beine sieht Mann auch.

Mancher Mann wünscht voll Entzücken
an solch leicht betuchten Frau`n,
sich mit nimmer satten Blicken
einmal nur ganz satt zu schau`n.
Doch in solchem Zeitvertreib,
in der Mädchen kurzem Kleid,
sieht das eigne Eheweib
unzüchtige Peinlichkeit.

Und die Frau grollt mit dem Gatten,
schimpft auf Mode, lockre Sitten,
die sie früher gar nicht hatten ...,
ach, sie hätt` noch lang gestritten;
doch der Juli hat Erbarmen,
schickt ein mächtiges Gewitter,
das erlöst den Mann, den armen
von des Weibes Zorngeknitter.

Trüb fast alles, grau und nass,
Mädchen, Kleidchen unter Dach,
nur der Mann - mit zücht`gem Spaß -
träumt den Julibildern nach.

In der Marsch

Nahtlos blaue Himmelsglocke
über grüne Marsch gestülpt.
Blicke stolpern über Knicks,
springen über beschilfte Gräben
und verlieren sich hinter dem Folienband eines Priels
am Schmelzpunkt zwischen Grünbraun und Blaugrau.
Möwenkonfetti zwischen schwerem Braunvieh.
Starre Stahlriesen tragen durchhängende Überlandleitungen
an ihren Keramikarmen.
Gellender Ruf des Austernfischers,
hechelnder Flügelschlag hinweg von den singenden Trossen.

Augustmorgen

Das Tal im Dunst, der Himmel blau
und wie vieltausend Diamanten
blitzt auf dem Grummet feucht der Tau,
Kreuzspinnen nächtlich Netze spannten.

Schon taumeln Falter sonnentrunken
in Sommerblumen, üpp`gem Kraut
und tief im Reifeglück versunken
das Land ringsum, so lieb, vertraut.

Bei Sonne, Grün und Morgenfrische
ein Frühkonzert mit Grillengeigen,
es schwelgt das Jahr am Hochzeitstische,
fühlt dennoch hohe Zeit sich neigen.

In Ebereschen – übervoll! –
da locken purpurrote Früchte,
die Reifezeit – von Dur zu Moll –
weckt seltsam weh in mir Sehnsüchte.

Ach könnt ich jetzt im Bilde bringen
wie glücklich meine Seele schwingt,
und könnt ich doch im Liede singen
wie hell`s in meinem Innern klingt!

Waldregen - Regenwald

Sattes Tropfen,
stetes Klopfen
von Blatt zu Blatt.
Schmilzende, blitzende Wasserdiamanten funkeln hinter ihren
Wolkenmüttern her hinauf zur Sonne.
Mit Wasser gesättigte Luft wabert dunstig zwischen nass-schwarz
blinkenden Buchensäulen.
Düfte aus Bodenporen,
Duftmorchel, Erinnerungen.
Fingerhutbataillone, lebende Kerzen, flammend aus samtnassem Grün
flankieren den Weg.
Wegschnecken ziehen zeitlos bäuchlings auf blanker Schleimspur wohin.
Ameisen hasten an Tropfenseen und Bucheckernfelsen vorbei,
die verschwemmte Heimstatt suchend.
Waldregen – h i e r – pulsierendes Leben, Glücksregen, Erholungsoase für
Naturfreunde und Hektiker.
Regenwald – d o r t – Funkenregen, bedrohtes Leben, schon schwebt
Asche über allem.

Heckenrosenhecke

(Ferien – Heckenrosenzeit)

In sich rankend, dicht verwoben,
Triebe, stützend, treibend, drängend,
sonnesuchend hoch geschoben,
hungrig ineinander zwängend.
Zarter Blätter Grün verdecken
holzig brauner Stängel Ringen,
die sich tragend hier verdingen,
Statik langer Rosenhecken.
Fiederblätter strecken
sich entrollend recken
dicht an dicht
sanft gezahnt
Zell` um Zelle
hin zum Licht.
Hindernd Pelz der Stacheln mahnt:
Zähmt der Willkür lock`rer Zügel,
Schmerz dem, der in grüne Hügel
grob sich eigne Wege bahnt.
Einzeln und auch büschelweise
rosa Blüten hin gehaucht,
dicke Hummeln brummeln leise
ihre Nektarsammelweise,
und die lauen Sommerlüfte
sind voll süßer Rosendüfte -
in mir wird es leicht und weit.

Oktober

Warmes Licht auf bunten Wäldern,
Silberfäden in dunstiger Luft,
sternklare Nächte. Über den Feldern
duftender Brodem aus erdfeuchter Gruft.

Braun-glänzende Erde zwischen Ernte und Saat.
Fast frühlingshaft schlummernd verträumtes Land,
gold-schimmernd bedeckt mit Spinnweb-Brokat,
gesäumt von Himmels grau-blauem Band.

Verdichtet ist in diesen Tag
noch einmal die Schönheit des Jahres gegeben,
Lohnend, auch wenn es stürmen mag,
mit bewusstem Schauen den Herbst zu erleben.

Kleine Eiche – grosse Eiche

Kleine unter großer Eiche,
willst aus Mull nach oben streben,
ringest um den Platz zum Leben,
wartest, dass das Alte weiche.

Große über kleiner Eiche,
du bist Schöpfer dieses Samens,
dem Erhalter deines Namens,
wünschest, dass er einst dir gleiche.

Große, gönn der kleinen Licht!
Sieh, ein Blitz kann dich zersplittern,
Alter lässt dich, morsch, erzittern,
du vergehst, - doch sie noch nicht.

Zug der Kraniche

Klares, herbstlich frisches Wetter,
scharf weht der Wind heran aus Nord.
Frostahnend zittern raschelnd Blätter,
bald trägt Novemberwind sie fort.

Golden roter Sonnenball
lässt die Zirruswolken glühen
und im Wald vom Berg zum Tal
aus Herbsteslaub die Farben sprühen.

Da, aus blauen Himmelsbahnen
dringt ein Rufen an mein Ohr.
Zwischen weißen Wolkenfahnen
stößt ein Kranichzug hervor.

Sicher zieh`n sie, leise klagend,
ein Atemzug im Lauf der Zeit,
der Schöpfung Weisung in sich tragend,
wissend um Gefahr und Leid.

Weit sind sie bereits geflogen,
zielbewusst, ich, menschlich klein,
ahn` darin den „Regenbogen",
Bund des Schöpfers mit dem Sein,
denk an jenes Wort, das sagt:

Solang diese Erde stehet,
und es Nacht wird, und es tagt,
Saat und Ernte nicht vergehet,
Frost und Hitze dich auch plagt,
wird durch alles Jahreszeiten
Schöpfers Hand dich schützend leiten.

In das Werden und Vergehen
füg` ich als Geschöpf mich ein,
lern bewusst mich selbst zu sehen,
kleines Teil des Ganzen sein,
spüre: Hinter meinem Denken,
steht ein höh`res, weises Lenken.

Droben dreh`n sie sich im Kreise,
prüfend ihren Reiseplan,
zieh`n dann in der Keilformweise
neu geordnet ihre Bahn.

Ich seh` hinauf, wünsch` ihnen Glück,
die Kette taucht ins Abendrot.
lebt wohl und kehrt gesund zurück,
bewahr` euch Gott vor Not und Tod!

Abschied im Herbst

Wirbelnd Laub durch kahle Gassen,
Herbstwind faucht sein Abschiedslied.
Was du wolltest, musst du lassen,
müd` die Hand, weh das Gemüt.

Träume sterben, still dein Müh`n,
lange Nacht und erster Frost,
klagend Kranichzüge zieh`n
her mit Kälte aus Nordost.

Lieder hast du kaum gesungen,
herbes Wort zu viel gesagt,
hast dich selbst oft nicht bezwungen,
rechte Schritte nicht gewagt.

Brüchig nun dein Lebenskrug,
wird er noch ein Weilchen halten?
Ach, wie`s ist, so ist`s genug,
lass getrost das Schicksal walten!

Herbstabend auf dem Friedhof

So wie früher schaukeln Blätter
sachte segelnd still hinab.
Nebliges Novemberwetter
legt sich leis auf jedes Grab.

Früher spielt ich hier als Kind
mit den hellen Kieselsteinen,
klagend Vogelruf im Wind,
fragend sah ich Mutter weinen.

Frühling kam, und Hochzeitsglocken
läuteten den Sommer ein.
Sturm und Drang hinfort mich lockten
von dem Baum am stillen Stein.

Strebend ward ich fortgetragen,
rastlos suchend nach dem Glück,
von der Hektik angeschlagen
trieb`s zur Stille mich zurück.

Dort, wo Ängste ruhn und Fragen
ist auch Mutters letzter Raum.
Nun drängt`s mich an schweren Tagen
kräftesuchend zu dem Baum.

In dem leisen Zweigerauschen
wird so manche Sorge klein.
Was wir strebend hier aufbauschen
passt nicht in ein Grab hinein.

Fern her Martinslieder klingen,
Dämm`rung um der Mutter Stein.
Vögel sich gen Süden schwingen,
ach, wie fühlt` ich mich allein!

November

Wenn bei wilden Regenstürmen
Schirme sich wie Pilze türmen,
die sich haufenweis bewegen,
bunt sich durch den Regen regen,
tausend Schuhe aus den Pfützen
Nässe an die Hosen spritzen,
Sturm an den Fassaden rüttelt,
nasses Laub von Bäumen schüttelt,
wenn die Tiefs einander jagen
sind wir in Novembertagen.

Hohe Zeit der Stu,benhocker,
Fernsehgucker, Sofarocker,
die voll Lust sind nichts zu tun
und nur hinterm Ofen ruhn,
katzengleich daselbst nun schnurren,
gähnend übers Wetter murren,
was sie sehn in düst`ren Bildern
unablässig andern schildern:
es sei in den Novembertagen
Novemberwetter kaum zu tragen.

Doch niemand kann die guten Seiten
des Novembers wohl bestreiten.
In dem Schneematsch, kalten Regen
wirkt doch letztlich Wassers Segen.

Stille legt sich auf die Flur,
heilt den Mensch und die Natur.
Nach innen die Gedanken schwenken,
fort vom peripheren Denken,
und wer geübt bewusst zu sehn,
der findet den November schön

Novembernebel

Nebel.
Nasses Laub,
schwarz-braune Reste
knospenden Frühlings,
sattgrünen Sommers,
fruchtenden Herbstes,
bereit zum Lösen
vom Halt des Lebens,
gezeichnet schon
von beginnendem Modern.

Bald,
schon bald trennen es
Frost und Eishauch
frühen Wintersturmes
vom Nabel des Geästs.
Nebelumhüllt
werden Silhouetten
nasser Bäume
wie klagend hinauf
in den Himmel ragen,
in die weiße Nebelglocke.
Hier und dort
ersticken heisere Schreie
der Krähen im Nebel
meiner Traurigkeit.

Dezember

Reif – knisterndes Weiß,
Tropfen, die eben noch rannten,
erstarren zu Diamanten
am kahlen Dezemberreis.

Erstes Eis in der Regentonne,
berstende Scheibe, Kinderlachen.
Des Tages Bögen verflachen,
zum tiefsten Stand sinkt die Sonne.

Ziel des Jahres: Hoffen auf Ruhe,
und dass die Mär von der Stille
sich in uns erfülle
erstickt im Getue.

Von Weihnacht in weißer Flur,
vom erlebten Freudebereiten,
erinnernden Heimlichkeiten
bleibt letztlich ein Abglanz nur.

Vor der Weihnacht

Grelle Lichtreklame blendet
flackernde Schatten auf die Seele.
Berieselnde Weihnachtsklänge
blockieren Melodien des Innern.

Die Krippe,
leer wie die Herzen satter Körper,
kommerziell vermarktet
steht hölzern im Glühweindunst.

Maronen rösten,
Würstchen brutzeln,
Menschen eilen,
hasten vorbei an der Weihe-Nacht,
Gedanken wenden sich bereits fort vom Engelshaar
hin zu den Kappen der Narren.

Im Dezember

Das Jahr, gebeugt vom Zeitaufwand,
schaut müd ins Winterwetter.
Kalender - dick einst – an der Wand
verliert die letzten Blätter.

Nichts hält es fest, das alte Jahr,
was kommt, muss auch vergehen,
im Fluge wird das „Jetzt“ zum „War“,
zurück lässt sich nichts drehen.

Die Wehmut und Melancholie
in unsre Herzen rinnen,
man möcht` so gerne irgendwie
noch mal von vorn beginnen.

Uns Alten wird die Zeit schon knapp,
flach unsres Lebens Bogen,
bald wird auch unser letztes Blatt
durch`s Schicksal abgezogen.

Doch hell in diese bange Zeit,
da strahlen Weihnachtslichter,
und Duft und Klang und Licht befreit,
froh werden die Gesichter.

Trotzdem die traute Wundermär
verschüttet schien, verklungen,
hat sie ein lieb Erinnern her
uns warm ins Herz gesungen.

Lasst alle Wehmut drum vergeh`n,
dies Wissen uns erfreue:
das Jahr wird bald nicht mehr besteh`n,
doch gibt’s noch reichlich neue.

Kerzen leuchten so wie immer

Die Kerzen leuchten so wie immer
am buntgeschmückten Kunststoff-Weihnachtsbaum;
jedoch die Kinder finden nimmer
den einst von uns geträumten Traum.

Eisblumen wachsen nicht mehr an den Scheiben,
und keine Leitung platzt jetzt mehr durch Frost,
die Stube wird zwar wohlig warm uns bleiben,
doch tief durch uns jagt der Nordost.

Noch immer gibt es die sozialen Klassen,
der Reiche giert nach dem, was er nicht braucht,
die einen hoffnungsarm, die andern prassen,
der Große wächst, der Kleine wird gestaucht.

Man regelt eifrig alles bürokratisch,
oft ohne Hirn, fast immer ohne Herz,
der eine jauchzt, der andre wird apathisch,
des Einen Machtdrang bringt gar vielen Schmerz.

Der Erdball lechzt wie je nach Frieden,
es trügt des warmen Lichtes Schein.
Geläng`s mir doch, wie einst als Kind hienieden
an Gütern arm doch innerlich so reich zu sein.

Winternachmittag

Strahlend weißes Märchenland!
Über Schnee sich Sonnenlicht
hell in Eiskristallen bricht.
Klare Luft und weite Sicht
zu des Horizontes Rand.

Vom Azur am Himmelsbogen
lassen tausend Strahlenspitzen
Schneekristalle Funken spritzen,
und wie Diamanten blitzen
hellen Sonnenlichtes Wogen.

Überzuckert schläft der Wald.
Auf Ästen, Zweigen, schneeverziert,
das Licht sich schillernd reflektiert.
Verglastes Weiß bunt fluoresziert,
zerfließt kurz - und erstarrt dann bald.

Eis löst sich in dem Strahl des Lichts,
reißt klirrend weit´re Bröckchen mit,
surrt tönern, hohl, wie Phonolith
und scheppert, knistert, schlittert, schwirrt
hinab ins watteweiche Nichts.

Der Sonne kaum erstarkte Macht
verliert sich rot am Horizont,
wo schatten-graues Dunkel wohnt,
wo sie erwächst, sternfunkelnd thront:
die kalte, klare Winternacht.

Alle Jahre wieder

Schnell rinnen Jahre – wie an Fensterscheiben
die Tropfen bei dem Regenschauer.
Man glaubt zu wissen, alles würd` so bleiben,
lässt ziel- und willenlos sich treiben,
belügt sich, alles sei von Dauer.

Die Ziele, einstens hoch gesteckt
an unserm Lebensbaum,
sind welk und herbstlich bunt gefleckt,
schon recht viel wurde abgespeckt
vom rosaroten Jugendtraum.

Dennoch gilt`s Hoffnung auszudrücken,
zu wärmen die schon kühle Welt
und stützend zueinander rücken,
wohl kaum wird Großes jetzt mehr glücken,
gar viel, was stark schien, schon zerfällt.

Nur einmal jährlich fließt die Zeit verhalten,
bevor der Jahrestropfen rinnt,
dann fühlen noch mal wir, die Alten,
tief in uns drinnen blieb erhalten
Erinn`rung an die Zeit als Kind.

Der bunt geschmückte Weihnachtsbaum,
die Heimlichkeiten, Glocken, Lieder ,
die Weihnachtsmär, der Kindertraum,
sie bringen unserm kühlen Raum
ein wenig Herzenswärme wieder.

Doch kaum, wenn wir ins neue Jahr
dann frohen Mutes hasten,
kommt Weihnachtsschmuck nebst Engelhaar,
das Gute, was geplant schon war,
in einen alten Kasten.

Erneut fließt jetzt dein Lebenslauf,
treibt dich hinauf, hernieder,
es rast voran der Jahreslauf
und bald taucht – dir vertraut – dann auf,
das „Alle Jahre wieder".

Geschenkabsprachen

Früh klingt ins Dämmern jetzt das Abendläuten,
und der Nordwest fegt nasse Flocken mit.
Die Weihnacht naht, auf die wir uns so freuten,
für mich kommt sie mit allzu schnellem Schritt.

Im Pfarrhaus drüben probt ein Kirchenchor
Noch gibt's für mich schnell dies und das zu tun,
die Zahlung mancher Rechnung steht bevor,
gar fern liegt für mich weihnachtliches Ruhen.

G`rad jetzt gilt es, nur ja nichts zu vergessen,
erhalten bleiben muss dabei die Harmonie.
Es wird gesorgt für`s Fest, für leck´res Essen,
hier spielen keine Rolle Fett und Kalorie.

Besonders eine Frage sollt man jetzt bedenken,
sachlich besprechen mit der Ehefrau:
Es bleibt doch dabei, dass wir uns nichts schenken!?
Ach ja, ... es bleibt, wir kennen den Beschluss genau.

Doch wie`s so ist, die Männer stehen
grad diesbezüglich fest zu ihrem Wort,
die Frauen jedoch förmlich sehen
im „Dennoch–schenken“ einen Sport. ...

Inzwischen ist die Weihnacht schon verklungen,
von Harmonie fehlt bei uns leider jede Spur.
Der Chor hat in der Kirche schön gesungen ...,
nur ... hatt` ich nichts für sie, doch sie für mich `ne Uhr.

Da hatte ich nun die Bescherung!
Ach, meine liebe Gattin (zwar verhalten!) schmollte,
ich hörte ihre schweigende Belehrung:
ich hätte besser doch getan, was ich nicht tuen sollte.

Das alte Jahr – es darf im Zwist nicht enden,
und unser Juwelier (ein Glück!) er öffnet morgen.
So kann ich noch das Blatt zum Guten wenden,
für einen frischen Start ins neue Jahr vorsorgen.

JAHRESWENDE

Es graut der Tag.
Zum letzten Mal
hebt sich der Sonne milchig - weiße Scheibe,
verloren, müde, matt und fahl.
Dir Jahr, bleibt im Erinnern nur noch Bleibe.
Und mir?
Was bleibt mir prägend noch von deiner Zeit?
Erinnern an die schönen Stunden,
in denen meine Seele weit,
stilles, lautes Glück empfunden.
An jene Stunde auch
wo Kunde kam,
die wie ein Reif um meine Brust sich legte,
mich fast erdrückte, mir den Atem nahm,
bis Hoffen sich dann wieder regte.
An die Sekunde,
wo ich höchstes Glück empfand,
weil ich i h n wiedersah, um den ich bebte,
wie es zerriss, das Eisenband,
mein Kind, es lebte, lebte, lebte!
Gar manchen Tag
hätt` ich so gern verschenkt,
gewünscht, dass schon im Morgengrauen
der Abend sich herabgesenkt,
erinnernd mag ich ihn nicht schauen.
Hätt` ich
manch herbes Wort verschwiegen,
mit dem ich andere bedrückt,
gar viel ließ ungesagt ich liegen,
durch das ich Menschen hätt` beglückt.
Ade mein Jahr!
Das Hoffen, Bangen,
das Leiden, Freuen, Nehmen, Geben
ist treu mit dir einhergegangen,
ich durfte es in dir erleben.

Morgenstimmung zwischen den Jahren

Es ist eine leise Stunde zwischen den Jahren,
zwischen Nacht und Morgen,
in der man sich allein auf der Welt wähnen kann.
Stille, nur mein Atem und meine Schritte sind zu hören.
Die noch eben im Bereich des Hofes unter den Stiefeln
matschig-nasse Grasnarbe wird fester,
je weiter ich auf's freie Land gehe,
über das der Frost leichter fließen kann.
Das eisig erstarrte Gras drückt sich raschelnd und knisternd
unter den Sohlen an den Boden.
Der es dicht benetzende Tau des milden Weihnachtswetters
ist hier bereits flächig in Eiskristalle verwandelt,
die im fahlen Licht der weißen Halbmondscheibe blitzen und glitzern.
Die Ruhe wird durch den kullernden Ruf einer Waldohreule noch unter-
strichen. Vom schwarzen Waldrand jenseits des Tales antwortet echo-
gleich ein weiteres aneinander gereihtes Uhuhuh...

Das Schwarz des mir gegenüber liegenden Waldhanges
scheint allmählich dunkler, die davor im Tal liegende Nebelbank heller,
das finstere Nachtblau des Himmels etwas lichter
und das Funkeln der Sterne blasser zu werden.
Im Tal vor mir liegt die nebelumwallte Silhouette
der kleinen Kirche von Delling.
Das warm-gelbe Licht des Weihnachtsbaumes
erhellt matt ein Fenster.
Von fern jetzt das dieselnde Brummen eines Motors.
Ein Milchlaster fährt einem Hof zu und reißt ruppig
den Morgen aus der Nacht.

Menschen wie du und er – und sie und ich

Epigramme / Gedichte

Hoffnung

Als Mensch weißt du schon ganz anfänglich,
dass das, was ist, auch ist vergänglich.
Doch früh bist du schon drauf gekommen,
zu hoffen, du seist ausgenommen.

Besserwisser

Dies reizt den Mensch oft bis auf`s Messer:
meist weiß er nachher alles besser.,
Lass drum, und dieser Rat sei dein,
das „Nachher“ einfach „vorher“ sein!

Nächstenliebe

Der Mensch erträgt die Armut leichter,
geht's auch dem lieben Nachbarn seichter
Eins aber hasst er bis aufs Messer:
geht's jenem um ein Quäntchen besser.

Wünsche

Man wünscht sich, dass so oft wie möglich,
just das eintritt, was schien unmöglich.
Doch leider wird im Leben leicht
das, was man nicht will, nur erreicht

Tautropfen

Der eine findet imposant,
den Tropfen Tau im Morgenlicht.
Er ruft: „Nun schau, ein Diamant!“
Der andre aber sieht das nicht
und äußert nüchtern, krasser:
„Ach Quatsch, ich seh` nur Wasser!“

Lebensfreude

Ein Mann, der sagte zu mir heute,
weil er sich über sich und alles Leben freute:
„Ich kann mein Lebensglück kaum fassen,
ich möcht` gleich öfters mich gebären lassen.“

Selbsterkenntnis

Wer aber glaubt, der Mensch sei gut,
der sei, so rat` ich, auf der Hut;
denn er kennt weder dich noch mich,
am wenigsten jedoch wohl sich.

Gewissen

Es ist bekanntlich das Gewissen
des Menschen bestes Ruhekissen.
Die Frage jedoch offen ist,
was ein Gewissen jeweils misst.
Wo zieht es hemmend seine Grenzen,
und wer beeinflusst die Tendenzen?
Wer sein Gewissen sich fühlt regen,
sucht es erträglich auszulegen.
Mag sich auch das Gewissen sträuben ...
der Mensch vermag es zu betäuben

Sorgensucher

Es ist der Mensch so angelegt,
dass er ein Maß an Sorgen hegt.
In ihm das Unbehagen schwelt,
wenn ihm dies Gran an Sorgen fehlt.
Erscheint ihm sorgenfrei ein Morgen,
wird er sich rasch die Sorgen borgen

Wundersucht

Just alles, was auf Erd` sich regt,
in seinem Sein ein Wunder trägt.
Dem Mensch ist jedoch offenbar
ein Wunder gar nicht wunderbar.
Ob Korn, ob Fleisch, ob Hering, Flunder ...,
der Mensch sieht Nahrung, keine Wunder.
Und trotzdem sucht er für gewöhnlich,
nach allem, was recht ungewöhnlich.
Es hofft somit ein jedermann,
dass etwas ist, was nicht sein kann.

Vorsicht!

Der Weise rät aus gutem Grund:
„Lach viel, dann lachst du dich gesund!“
Doch eines sollte man nicht machen:
voll Eifer sich gleich tot zu lachen!

Der Neunmalkluge

Er gab sich schlau, war „neunmal-klug“
riskierte stets `ne dicke Lippe,
sprang oft dem Tod noch von der Schippe,
doch gestern – Pech! - nicht weit genug.

Erbauliches

Ein Mensch, des Mietzins überdrüssig,
sehr träg und finanziell nicht flüssig,
erfährt, dass mit der Bausparkasse
es sich recht günstig bauen lasse.
Doch deren Zins, wie der von Banken,
die war`n für ihn zu hohe Schranken.
Da hört er, dass mit Gottvertrauen
man äußerst günstig könne bauen.
So traut er Gott, dem Herrn Gebieter,
in Muße wartend als ein Mieter.

Weicher Kern in harter Schale?

Wenn einer schimpft, so dass man meint:
Der Kerl kann weder weinen, lachen,
kann`s sein, dass seine Seele weint,
er kann dies nur nicht deutlich machen.

Der Unsterbliche

(vor einem Ölgemälde in Schloss Despotin)

Ein Mensch, der einstens Macht errang,
die Mitmenschen zum Dienen zwang
ließ, um in Zukunft noch zu strahlen,
als Mächtigen in Öl sich malen.

Heut` schaut vom Bild er an der Wand
- in Öl auf Leinen fest gebannt -
herab, gestützt auf Schild und Schwert
und ist jetzt endlich etwas wert.

Tod des Despoten

Endlich ist er jetzt verblichen,
der kaum jemand Gutes tat.
Zeit der Macht ist nun verstrichen,
kalt und starr der Potentat.

Trotzdem heißt`s mit falschen Tränen
Trauer heuchelnd Klinken putzen,
dies, wie wir Vasallen wähnen,
könnt vielleicht uns doch noch nutzen.

Doch dann merkt man: Dieser Schuft
hat die andern nur bedacht,
hätt` uns gern noch aus der Gruft
hämisch spottend ausgelacht.

Frei sagt man jetzt was man denkt,
legt das Trauer-heucheln ab,
sät, anstatt man sein gedenkt,
Dornen Disteln auf sein Grab.

Herrschaftsende – Herrschaftswende?

Wer sie erlebt, die grauenvollen Diktaturen
und sich nach Volksherrschaft gesehnt,
in demokratischen Strukturen
ein neues Mensch- und Weltenbild schon wähnt,
dem sei dies Mahnen nicht verschwiegen:
das Böse oft mit Engelszungen spricht,
es bleibt latent im Inneren des Menschen liegen,
das Wölfische hat oft ein Schafsgesicht.

Am alten Gemäuer

Balustraden, Erker, Türme,
Fenstersimse, morsch, verschlissen,
Wetterfahne von den Stürmen
windschief, schräg herab gerissen.

Längst ruht menschliches Geschehen:
Schaffen, Feiern, Lachen, Weinen.
Widerstand zu dem Vergehen
spricht nur noch aus Quadersteinen.

Von des Turmes schiefer Spitze
gellt der helle Ruf des Falken.
Birke grünt aus Mauerritze,
Taube gurrt auf morschem Balken.

Aus dem Bau für Ewigkeiten,
der nun zeit-zernagt zerfällt,
wird sich die Natur bereiten
eine neue heile Welt.

Blut – dicker als Wasser?

Im Vergleich zu Blut ist Wasser
nicht so dick und folglich nasser.
Blut schweißt zusammen - wie bekannt -
(nicht immer innig), was verwandt.
Mit diesem edlen Lebenssaft
verquickt man manche Eigenschaft:
Ein Heißsporn wird genannt heißblütig,
ein finstr`er Mensch ist wohl kaltblütig.
Wer sich betrinkt, der weiß genau:
„Es macht der Alkohol mich blau",
doch falsch wär`s , wenn er glaubt hochmütig,
er sei nun zugleich auch blaublütig.
Ob blau durch Alkohol, durch Gene ...,
entscheidend für den Mensch sind jene
charakterlichen Eigenheiten,
die ihn hier durch das Leben leiten.

Homogenität

Die halbe Menschheit unsrer Welt
strebt gierig nur nach Macht und Geld.
Die andre Hälfte ist bedacht,
auf den Erhalt von Geld und Macht.

Selbsteinschätzung

Hat dir auch bislang das Leben
nicht - was du verdienst - gegeben,
ward dein Genius nicht entdeckt,
warst du Menschen gar suspekt,
nicht einschätzbar und undurchsichtig,
so schätz` dich selbst ein, nüchtern, richtig;
und bleib - wenn du es nicht schon bist -
dabei jedoch ein Realist.

Rezept

Ein Mensch – und schäumt er auch vor Wut -
ist oft im Grund des Herzens gut.
Er wird – versuch es! - friedlich, still,
wenn du ihm mehr gibst, als er will.

Vom Heil und Unheil

Es sucht der Mensch aus guten Gründen
in seinem Leben Heil zu finden.
Doch ist im Laufe seines Lebens
die Suche leider oft vergebens.
So fühlt er letztlich sich belohnt,
wird von dem Unheil er verschont.

Was dann, Liebender?

Das Höchste, nach dem Menschen streben,
ist, für den Nächsten nur zu leben.
Jedoch, was macht der schlichte Mann,
der so hoch gar nicht reichen kann?

Erbsensensibilität

Der Mensch fühlt spitz seit alters her,
dies zeigt auch die bekannte Mär
von der Prinzessin auf der Erbse,
dieselbe klagt, dass eher sterb` se,
als auf `nem Berge von Matratzen
noch mal auf einer Erbse ratzen.
„Warum“, so fragt man sich sogleich,
„kocht sie die Erbse denn nicht weich?“

Bildungsschicksal

Die Bildung wird, glaubte ein Mann,
beim Menschen nur vererbt,
er schaut uns träg, phlegmatisch an,
ist plump, roh, ungegerbt.
Nur weil er an Vererbung glaubt,
ist antriebsschwach er, schlecht:
verrichtet das, was nicht erlaubt,
bricht Anstand, Norm und Recht.
Kommt dieser Mensch dir in die Quer`,
verzeih dem armen Mann,
er macht das Leben dir nur schwer,
weil er nicht anders kann.

Bildungshunger

Manch Reichen drängt es in dem Leben
nach Bildung künftig mehr zu streben.
Er ist bemüht mit bestem Willen,
den Bildungshunger auch zu stillen.
Doch manchmal zieht der Geist nicht mit,
dies zügelt seinen Appetit;
er zeigt insofern Schlauheit dann,
nicht mehr zu tun, als er auch kann

Vom Lerntempo

Ein Kind erlernt rasch „böse Worte“
auch „Süßes naschen“: Bonbons, Torte.
Der reife Mensch lernt fabelhaft
und schnell (!), was für ihn vorteilhaft.
Gar manche wahrhaft üble Sachen
vermag er gar blitzschnell zu machen;
doch seinen Nächsten recht zu lieben,
sieht man ihn äußerst langsam üben.

Vernunftwesen

Dem Mensch geht´s drum, dass er beweist,
Vernunft zu haben und viel Geist.
Jedoch, wie stark auch der Verstand...,
zum Menschsein zählt auch Herz und Hand.
Drum, eitler Mensch, ich rat`, setz künftig
Vernunft zwar ein, jedoch vernünftig!

Blechschäden

Der Mensch ist stets darauf bedacht,
dass er auf andre Eindruck macht
und dies mit Geld, mit Geist, mit Posse
oder mittels Blechkarosse;
doch findet er es gar nicht toll
wird die durch andre eindrucksvoll.

Demokratieverständnis

Das ist Ehe-Demokratie:
Er ist ein Herr, doch Chef ist sie.
Sie lässt, um Unbill zu vermeiden,
bei Meinungsgleichheit ihn entscheiden.
Bei Divergenzen sagt sie dann:
„Nun schließ dich meiner Meinung an!"

Lacher

„Wer zuletzt lacht, lacht am besten",
sagt man so, doch gilt`s zu testen,
dies hab` ich fragend mir gedacht:
ob solches Lachen Freude macht?

Doppeltrost

Mit Sekt stößt man recht gerne an,
auf etwas, das man noch nicht kennt
und spürt erst später irgendwann:
Es fehlt dem „Glück“ das Fundament.

Man zürnt dem Schicksal, ist erbost.
Im Innersten zutiefst getroffen
bleibt letztlich nur der Doppeltrost:
Gut war der Sekt und schön das Hoffen!

Zeit ist Geld

Einst prägt` ein Mensch sein Wirkungsfeld
mit seinem Grundsatz:„Zeit ist Geld“.
So war er unentwegt bereit,
das Geld zu mehren mittels Zeit.

Er schafft` am Tag, schafft` in der Nacht,
und seine Kinder, drauf bedacht,
den Vater bei dem steten Werken
in stiller Klugheit zu bestärken,
die hofften bald etwas zu erben,
doch fehlte Papa Zeit zum Sterben.

Er hatte einfach keine Zeit,
um nichts zu tun in Ewigkeit.
Merk an, man sollt´s nicht übertreiben,
zum Sterben muss doch Zeit noch bleiben

Im Jammertal

„Die Erde ist ein Jammertal“,
so hört man viele klagen;
doch durch das Jammern allemal,
fällt schwerer nur das Tragen.

Prognose über das Ende der Menschheit

Es stirbt die Menschheit wohl bald aus,
ihr macht teils Hunger den Garaus,
der Rest stirbt dank des Überflusses
und übermäßigen Genusses.

Sozial

Die Menschen sind heut allemal
hört man sie reden – sehr sozial.
Sie haben ihres Egos Triebe
ersetzt durch reine Nächstenliebe.
Ein jeder sucht die dunklen Flecken
auf seiner Weste zu verstecken.
Drum sind die blütenweißen Westen
sehr selten bei den Erdengästen.
Zwar wird kaum jemand eingesteh`n
im Grund zuerst sich selbst zu sehn.
Doch selten wird wer was verschenken,
ohne auch an sich zu denken.
In einem sind sie doch egal:
im Flunkern, man sei sehr sozial.

Vorsichtige Nachsicht

Ein guter Mensch hat – ohne Frage --
auch hin und wieder schlechte Tage.
Dies wissend sollst du daran denken,
großmütig ihm Geduld zu schenken.
Doch lass, daran magst du dich halten,
nie Nachsicht ohne Vorsicht walten!

„...DER WEIß, WAS ER WILL!"

Ein Mensch, der stets „weiß, was er will",
hätt` doch bedenken sollen,
dass andre, die bescheiden still,
auch mal was wissen wollen

GAUSS'SCHE KURVE

Wenn alle stinknormal doch wären,
so tadelfrei wie du und ich,
voll Ehrlichkeit anstatt Affären ...,
wie wär` die Welt doch - langweilig!

HOFFNUNG STIRBT ZULETZT

Es wird der Tod einst alle holen ...,
dies weiß man zwar, hofft doch verstohlen,
dass man mal bei den ersten ist,
die er nicht sieht oder vergisst.

DER MENSCH DENKT

Es lässt sich leicht das Leben planen,
rascher jedoch als wir ahnen
hebt das Schicksal an zu lenken,
oftmals anders als wir denken.
Leider bricht gar oft genug
halb gefüllter Lebenskrug.
Leg darum deines Lebens Stärken
in das Tun von guten Werken,
dass, wenn bei dir der Tod erscheint,
selbst auch der Bestatter weint.

Haariges

Wenn die Haare sich verstecken
von dem Haupt in andre Ecken,
büschelweis` aus Nase, Ohr
gräulich ringelnd sprießen vor,
unter besengleichen Brauen
waigel-ähnlich Augen schauen,
kannst du schon aufgrund von Haaren
jedes Flirten dir ersparen.
Investier` in Kultur und Geist
oder, wenn du sonst nichts weißt,
ganz bequem in deinen Bauch,
das geht auch.

Vorbild – Verlust

Es wird von älteren gesagt,
ja allenthalben tief beklagt,
verlottert sei die heut`ge Jugend,
es fehle Anstand ihr und Tugend,
träg sei sie, faul! Zum Geldausgeben,
zum Feiern schien sie nur zu leben.
Kurzum, es fehle ihr Moral,
die uns beschieden – dazumal.
Was geht bloß vor in jungen Köpfen?
Sie schau`n verwirrt aus Wohlstands-Töpfen.
Das Streben, das man uns einst lehrte,
nach Vorbild, Achtung unsrer Werte
bleibt ihnen zumeist unbekannt
beim Blick über des Fleischtopfs Rand.
Doch was sie nicht sehn, sollt erschrecken:
Es ist kein Vorbild zu entdecken!
Vielleicht denkst du: „Ich könnt` eins sein!“
– Doch wird das reichen, so ganz allein?

Verlustängste

So fleißig du geschafft ...,
es wächst mit dem Vermögen,
die Angst, dies würd dir weggerafft,
gern frisst ein Schwein aus fremden Trögen.
Doch wie`s auch sei,
bleib du dabei;
denn letztlich macht das Schaffen
zufriedener als Raffen!

Vom Versemmeln

Ein guter Freund ist voll Verdruss,
als er erschreckt erkennen muss:
„Ich hab mir dies Geschäft vergeigt!"
Ich sagt` drauf, es wär` angezeigt,
ein and`res Instrument zu nehmen;
dazu sollt` er sich halt bequemen.
Ich riet zu einem Kontrabass,
auf dieses Mordsding sei Verlass.
Doch er wählt` eine Flöte nun,
ich fand recht unklug dies zu tun.
Bald sagt` er mir in großen Nöten:
„Mir ging erneut ein Auftrag flöten."

Der Pessimist

Ein Mensch, als guter Pessimist,
weiß: Es wird schlechter als es ist.
Doch wird er einen Trost sich geben:
„Ich werd` das ja nicht mehr erleben!"

Fernsehabend

Was Schlimmes sehn die Menschen gern
- zwar nah nicht! – doch durch`s Fernsehn fern.
Bei Chips und Bier, in weichen Sesseln
lässt man sich von dem Weltschmerz fesseln.
Wird zu stark das Martyrium,
dann schaltet man ganz einfach um...,
und sieh – der Schmerz ist überwunden,
man leckt nicht mal der Seele Wunden;
es hat die Umschaltung gebracht,
dass wieder man von Herzen lacht.
So ist ein jeder Fernsehabend
- von nah besehen - doch erlabend.

Trägheit

Gar mancher hofft, es möchte das Leben
ihm eine Lebenschance geben.
Doch oft, wenn ihm Fortuna lacht,
hat seines Glücks er nicht gedacht.
Zu träge es beim Schopf zu fassen,
hat – unerkannt – er`s ziehen lassen.

Maskuline Mimose

Der Mann erscheint oft stur und hart,
doch manchmal auch empfindlich zart,
mimosenhaft er gar da steht,
wenn`s um sein Wohl und Wehe geht.

Rückblick

Was immer Kummer wird bereiten,
ist Schmerz der Gegenwärtigkeiten.
Vergangnes Weh, das wird indessen
verklärt gesehen und vergessen.
Drum trauert mancher Dingen nach,
an denen einst er fast zerbrach.

Händel suchen

Wenn Händel sucht ein Grobian
und fängt gleich wild zu toben an,
weil er nach zu viel Schnaps und Bier
am Streiten findet sein Pläsier,
scheint uns dies widerlich verrückt
doch anderseits sind wir beglückt,
wenn Händel suchen wir – und finden,
jedoch aus völlig andren Gründen.
Wir suchen Händel nicht bestialisch,
...nur Georg-Friedrich, musikalisch.

Saure Trauben

Treue und Enthaltsamkeit
zeigen eines Menschen Stärke.
Mangel an Gelegenheit
ist wohl auch oft mit am Werke;
denn es gibt – fast kaum zu glauben –
überaus viel saure Trauben.

Imponiergehabe

Vielen ist`s ein Urbestreben
oft und kräftig anzugeben.
Geschieht`s diskret und unauffällig
nimmt man es hin, fast wohlgefällig.
Doch mancher hat die schlaue Gabe
vorhand`nes Imponiergehabe
zu ummanteln mit dem schlichten Kleid
schüchterner Bescheidenheit.
Vielleicht will er damit bezwecken,
sich vor sich selber zu verstecken.

Gernegrösse

Es mag ein gernegroßer Dackel
mit noch so stolzem Schwanzgewackel
sein Bein im Hüftgelenk hoch winkeln –
er kann nicht hoch wie Große pi......

Handy-Zeit

Wie rasch greift heute, wie „behändi"
manch „wicht`ger" Mensch zu seinem Handy
und ist dabei von Herzen froh,
zu dreschen – mündlich – leeres Stroh.
Er schwätzet vielfach mit dem Handy
– um Handys willen - ohne „Endy".
Doch bleibt er dabei allzu gern
den nächsten Menschen menschlich fern.
Drum glaub ich, früher war man eher,
sich ohne Handy doch noch näher.

Bequemlichkeiten

Das, was dem Geiste angenehm,
ist für den Leib oft nicht bequem,
drum muss der Leib sich halt bequemen,
auch Unbequemes anzunehmen.

NachbarschwätzcheN

Ach, wie tut`s dem Menschen gut,
wenn – im Grunde herzensgut –
er mit sanftem Edelmut
über Nachbarn reden „tut“.
Er kann ohne Kopfzerbrechen
ganz „verschwiegen“ sich erfrechen
über andrer große Schwächen
endlich intensiv zu sprechen.
Dies kann durchaus sein etwas Rechtes,
spannender jedoch was Schlechtes.
Schön, beim nachbarlichen Schwätzen
ist´s, ein wenig auch zu hetzen,
fremde Fehler zu entdecken,
eigne heimlich zu verstecken.
So wird schließlich man hienieden
wieder mit sich selbst zufrieden.

„Schnirpen“

(Mundart, spötteln)

Wer gerne über andre schwätzt
und gerne stichelt, spottet, hetzt,
doch über dich nur Gutes spricht,
dem traue nicht!

SINNESWANDEL

„Lieber auf dem Gottesacker
als mal alt und grau zu sein,
bloß kein kranker, alter Knacker
voller Gicht und andrer Pein!“

Ferner hörte man ihn sprechen,
ihn, den vorlaut jungen Spund:
„Eingedenk der Altersschwächen
leb` ich kurz nur - doch gesund!“

Als der Tod ihn holen wollte;
er war alt, doch nicht bereit,
sträubte er sich und er grollte:
„Sachte, sachte, das hat Zeit!“

GEDANKENBLITZE

Gedankenblitz dem Hirn enteilt,
oft nicht erst auf der Zunge weilt.
Er sprüht hinaus auf schnellen Sohlen
und ist nicht mehr zurück zu holen.
Nun ist, was heimlich man gedacht,
unkontrolliert frei raus gesagt.
Ein lock`res Wort, leichthin gesprochen,
hat manche Freundschaft schon zerbrochen.
Verhindern kannst du solche Schlappe,
hältst du beizeiten deine Klappe.

Lügen haben Beine

Früher mahnte man uns Kleine:
„Lügen haben kurze Beine!“
Heut erkennt man: Durch Betrügen
wachsen Beine dieser Lügen,
oftmals – schwerlich zu begreifen -
werden aus den Beinen Reifen,
sausend auf den Gummisohlen
sind sie nicht mehr einzuholen.
Jene aber, die gelogen,
sich bereichert und betrogen,
werden – wer hätt` es gedacht –
überdies noch reich bedacht
wenn sie aus den Ämtern schreiten ...
-- ja, so ändern sich die Zeiten!

Wetterkritiker

Die Sonne strahlt, der Mond, der scheint,
des Himmels Sterne funkeln.
Der Regen fällt, die Wolke weint,
Sturm weht ums Haus im Dunkeln.
Es legt der Tau sich auf das Gras,
die Temp`raturen fallen,
der Regen füllt das Regenfass,
es blitzt, und Donner hallen.
Es kommt ein Hoch, es geht ein Tief,
kurzum, das Wetter ist aktiv,
kennt Klotzen nur – nicht Kleckern,
doch dich – Menschlein im Alltagsmief --
hört man nur drüber meckern.

Perspektiven

Die Tiefe macht erst Großes groß:
das Tal den Berg, den Baum das Moos,
darum, was Höhe ist, was Tiefe
entscheidet meist die Perspektive.

Donnerwetter

Wenn der Mensch
– dies oftmals voll Verdruss –
mit irgend jemand reden muss,
der ihm bislang noch gänzlich fremd,
fühlt er sich im Gespräch gehemmt ...,
dann hilft – Kommunikationserretter –
das Thema – unerschöpflich! – „Wetter“!
Ganz plötzlich weiß man viel zu sagen
von schwülen, heißen, kalten Tagen,
von Smog, der unter Wolkentürmen
sich staut und auch von Wirbelstürmen,
von diesem viel zu nassen Jahr,
vom letzten, das zu trocken war,
von Bauernregeln, die orakeln,
des Bauern Hähne, die spektakeln,
indem sie krähend auf dem Mist
verkünden, wie das Wetter ist,
und auch die menschliche Prognose
fürs Wetter geht oft „in die Hose“.
Kurzum, es gäb ein Kopfzerbrechen
könnt man nicht übers Wetter sprechen.

Von Zügen

Gestern trank mit frohen Zügen
ich in vollen Zügen Bier.
Heute trinke ich in Zügen
Wein – als Bahnfahrt-Passagier.

Trink froh Bier! und lässt`s sich´s fügen,
auch in zarten Zügen Wein,
nur in letzten Zügen liegen,
das lass möglichst lange sein.

Darum!

Das Herz in uns, das sehnt sich so sehr
nach Glück, nach Liebe und Freude.
Doch machet der Dichter das Herz uns so schwer,
mit Dichtung von Wehmut und Leide.
Ich weiß jetzt, nachdem ich nachgedacht,
warum der Dichter das Herz
tief schürfend trüb und so traurig macht:
weil Herz sich reimet auf Schmerz.

Ertragen können

Des Nächsten Leichtsinns Schwere zu ertragen,
fällt manchem schwer, doch leichter als zu klagen
ist es, das Miteinander trotz des Leichtsinns wagen.
Sonst liegt bald jede leichte Kost zu schwer im Magen.

Pharaonen

„Im Tod“, sagt man, „sind alle gleich.“
Das stimmt nicht ganz; denn wer einst reich,
der konnt` manch Sälblein sich erwerben
und ließ sein Fell, das tote, gerben.

Er glaubt`, es fänden die Vasallen
an seiner Mumie Gefallen,
sie würden ihm im neuen Leben
auch weiter ihre Dienste geben.

Nun, dies ist alles längst verjährt,
man wähnt sich heute aufgeklärt.
Es lassen sich die Pharaonen,
von heute die, ganz einfach klonen.
Ob die Kopie und`s Original
sich wohl vertragen? auch egal.

Nur Mut!

Es wird im Lauf der Lebensreise
der ält`re Mensch zwar ruhig, weise.
Es scheint ihm jedoch wie verhext:
Je mehr sein Geist auch stetig wächst,
es wuchert schneller unterdessen
anderseits auch das Vergessen.
Wenngleich in des Vergessens Sieb
viel Wichtiges auch haften blieb,
gilts doch im alters-weisen Leben
den Gedächtniskampf nie aufzugeben!

Antidepressivum

Oft, wenn man seelisch aufgeweicht,
neigt man zu sagen:„Schluss, es reicht!"
Enttäuscht vom Mitmensch und verbittert,
denkt man im Innern tief erschüttert:
„Ich springe von der Lebensleiter!"
Da lächelt wer, – sieh, es geht weiter.
Und die Moral, da denke dran:
Lach öfters deinen Mitmensch an!

Blick auf`s Schwarze

Der schlechten Tage hat im Jahr
der Mensch - durchschnittlich - nur ein paar.
Doch diesen schenkt er recht viel Zeit,
um eifrig und mit Stetigkeit,
sie zu vermaledeien,
statt sich der guten zu erfreuen.

Krone der Schöpfung

Hoch über allem Sein da throne,
sagt man, der Mensch als Schöpfungskrone.
Doch manchmal, wenn er in Exzessen
sein Umfeld förmlich hat zerfressen,
sieht man, der Welt ging`s besser ohne
solch jämmerliche Schöpfungskrone.

Vom Bösen

Das Böse schlummert in uns allen,
du sollst es nicht verschämt verstecken.
Doch brauchst du, tu mir den Gefallen,
es auch nicht dauernd aufzuwecken.

Vom Adel des Volkes

Man schätzt ein das untadelig
was sich benennet „adelig“.
Doch mancher welcher adellos
ist vorbildhafter, tadellos.
Ob „von“, ob Titel, Professur,
ein Wörtchen prägt nicht die Kultur,
ist doch nur Schall und Rauch und Wolke,
Kultur entsprosst im Herz, im Volke.

Von ...-misten und ...listen

Es ringen Pessi- Optimist
wes Geistes Richtung richtig ist.
Ein jeder allzu gerne wüsste,
wer sich inwiefern ändern müsste.
Der Pessimist löst tief gebückt,
der Optimist meist hoch beglückt
– geprägt durch Erbanlagen --
nun leider nicht die Fragen.
Drum singt getrost das Hohelied
auf der Menschen Unterschied;
mengt unter Opti- Pessimistisches
ein wenig Fatalistisches
und sagt – wie Kölner in der Bütt –
„Et kütt doch alles, wie et kütt!“

Von Pech- und Glückssträhnen

Wenn mal in deiner Schicksalsmähne
fest sich setzt aus Pech, die Strähne,
dann trag geduckt nicht dieses Schwere,
greif unerschrocken zu der Schere.
Schneid von der Strähne ab das Pech
und wirf es dann behände weg!
Klebst du an diese Strähne Glück,
dann kehrt die Glückssträhne zurück.
Nur wer zum Kahlkopf ist geboren,
der bleibt von Strähnen ungeschoren.

Lebensänderung

Als Baby bracht` der Filius
den braven Eltern schon Verdruss.
Als großes Kind stritt er und log,
als Jugendlicher er betrog.

Erwachsen er sich in Delikte
diverser Art recht tief verstrickte.
Darum war vor dem Tunichtgut
der, wer ihn kannte, auf der Hut.

Sein Erbe hatt`er schnell verprasst,
kam bis zum Alter in den Knast.
Hier liest er heute - was nicht übel -
unermüdlich in der Bibel.

Sucht er Beachtung bei dem Werke,
sucht er wohl innerliche Stärke?
Wer weiß, verborgen von der Stirn
agiert – nicht einsehbar – das Hirn.

Wie es auch sei, `s` ist nie zu spät
zum Ändern, wenn`s noch eben geht;
denn wenn der Mensch bereits erbleicht
wird schwerlich dieses Ziel erreicht.

Vorwiegend E(e)rnst

In einem kleinen Dorf in Sachsen
ist Schlingel Ernst einst aufgewachsen.
Die Eltern wirkten bitterernst,
dies lag vorwiegend an Sohn Ernst;
denn bei fast jeder Flegelei
war auch vorwiegend Ernst dabei.

Kaum jemand konnte Ernstes Streichen
in seinem Heimatort entweichen.
Es hub mit allen dummen Sachen
vorwiegend Ernst an ernst zu machen.
Sogar der Lehrer Oberschlau
erinnert sich und weiß genau:
Der Schlechteste in Schreiben, Lesen,
das sei vorwiegend Ernst gewesen.

Auch Bauer Scholz sagte, es spräche
gar viel für Ernstes Leseschwäche;
denn faul sei beim Kartoffellesen
vorwiegend dieser Ernst gewesen.
Es stahlen oft beim Bauern Meyer
die Diebe frische Hühnereier.
Im Dorf war jedem sofort klar,
dass dies vorwiegend Ernst wohl war.

Die Elfi Schmitz grad siebzehn war,
als sie schon Zwillinge gebar.
Zuerst gab es ein laut Geschrei,
wer wohl der Kinder Vater sei.
Sie sagt`, vom Wochenbett genesen,
es sei vorwiegend Ernst gewesen.

Du, Leser, dabei hörst und lernst:
Wenn´s Ernst ward, kam dies meist durch Ernst.
Drum Schluss mit Ernst, wir lesen weiter,
zwar ernsthaft, doch vorwiegend heiter.

Bibelwort

„Geben ist seliger denn Nehmen" ...
man sollt zum Geben sich bequemen
empfiehlt die Lehre unsrer Bibel,
sich dran zu halten ist nicht übel.
Der Mensch jedoch leicht, unbeschwert
macht`s hemmungsfrei oft umgekehrt.

Sehnsucht eines Paares nach dem Paradies

Ach, dass es doch bald friedlich werde
auf unsrer so zerstritt`nen Erde!
Es würde paradiesisch sein,
wär`n du und ich darin allein.
Nur vor dem Apfelbaum, der Schlange,
da wäre ich ein wenig bange.
Hier find` die Frage ich vertrackt:
seh`n wir uns angezogen oder nackt?

Von der Armut des Reichen

Herr Adam am Karrierefuß
strebt nach des Reichtums Überfluss.
Entsagungsvoll mit Energie und Kraft
hat er`s mit achtzig auch geschafft.
Jetzt sieht er: seines Fleißes Tugend,
sie raubte Kraft ihm, Ruh` und Jugend.

Er klagt in tiefer Depression:
„Was hilft mir Greis nun die Million,
mich, der ich mich so aufgerieben,
will nun nicht mal ein Mädchen lieben!"

Dies ist manch fleiß`gem Mensch beschieden:
Reich wird er zwar, doch nie zufrieden.

Vom paradiesischen Frieden

Es ist der Stand der Geistlichkeit
voll Christenliebe gern bereit,
des Gläubigen Blick zu heben
auf himmlisch-jenseitiges Leben.
Er kann mit theologisch süßen Bildern
das Himmelreich zwar recht schön schildern
und hofft, man sei darauf erpicht.
Doch seltsam ist, er selbst will nicht,
der Himmel ist ihm lieb und heilig,
doch hat - wie`s scheint - er es nicht eilig
das gut dotierte Erdenleben
dafür so kampflos hinzugeben.
So kommt`s, dass er der Ärzte Kunst
mehr schätzt als seines Himmels Gunst.

Meine liebe, heile Welt

Das ist`s an meiner heilen Welt,
was mir bescheid`nem Mensch gefällt:
Ein warmes Heim mit Kanapee,
Kakao, Gebäck, Milch und Kaffee,
draußen frische Winterlüfte,
drinnen leck`re Küchendüfte.
Musik in Dur und auch in Moll,
melodisch warm und stimmungsvoll,
dazu ein wunderschönes Buch ...,
das ist mir dann schon Glücks genug!
Doch halt, es fehlt das „Sahnehäubchen“,
mein süßes, heiß geliebte Täubchen,
mein fleißig`s Heimchen an dem Herd,
immer fröhlich, liebenswert,
dies darf vom Abend bis zum Morgen
doch auch am Tag mich lieb umsorgen.

Weitsichtig

Das Fernsehn ist, dies weiß man ja,
von nah besehn zwar ziemlich nah.
Doch manchmal hätte man recht gern,
die Sendung wär` unnahbar fern;
denn oft ist das Programm ein Graus,
der Finger tastet sich zum AUS,
doch dann – woran mag das nur liegen –
lässt sich der Finger gar nicht biegen?
Der Mensch als ein befremdlich Wesen
ist auch in DIR aktiv gewesen.

Maschendraht

Seitdem sie zweiundachtzig war
strickt sie nur Ringelsocken.
Man sah sie strickend Jahr um Jahr
in ihrer Stube hocken.

Dann ward sie, als sie neunzig war,
von Trauer überfallen,
die Augen sahen nicht mehr klar,
sie ließ die Maschen fallen.

Ihr Enkel aber, Ingenieur,
begann die zu erhaschen,
sagt: „Oma, das ist kein Malheur,
ich sammle auf die Maschen.“.

In Draht flocht er die Maschen ein
und nannt` dies Fabrikat
mit Maschen groß, mit Maschen klein,
ganz schlicht nur „Maschendraht“.

Die Eigenheimbesitzer schau`n
erfreut jetzt, sie frohlocken:
„Das Heim schützt nun der Maschenzaun,
dank Omas Ringelsocken.“

Vom Rückschritt des Fortschritts

Seid ihr, betagte Zeitgenossen,
für moderne Technik aufgeschlossen,
erkennt ihr bald, dass nur die jungen
versteh`n abstrakte Anleitungen.
Sie meistern technische Finessen,
wir ältere jedoch indessen
steh`n zwar nicht weltfremd und nicht dumm -
doch recht hilflos oft herum.

Gebrauchsanweisungstext entriegeln
bleibt uns ein Buch mit sieben Siegeln.
Und glauben dann wir alte Knaben,
endlich was kapiert zu haben
und neueste Technik sei im Kopf,
ist die bereits ein alter Zopf.
An modernen Wortschöpfungen
zerbrechen Hirn und unsre Zungen,
multifunktionale Tasten
lassen die Geduld ausrasten.

Sprach beim „Fortschritt" man vor Zeiten
von ruhevollem Voranschreiten,
rast Fortschritt in der heut`gen Zeit
hinfort mit Lichtgeschwindigkeit.

Bauchgefühl

Spontan heraus das Rechte tun
bedarf`s meist Kopf mit Geist,
im Zweifel lass die beiden ruhn,
zumal sie zögern meist.
Lass drum nach deutschem Sprachgebrauch
entscheiden deinen Bauch,
das reicht oft auch.

Prahler

Ein Mensch ist gern dazu geneigt,
dass er, was er besitzt, auch zeigt;
doch schwer, ja förmlich außerstande
fällt ihm das Zeigen vom Verstande.

Lebenswürze

Das Leben nimmt dann zu an Würze,
wenn man verlängert seine Kürze.
Der edle Mensch sei drum gelobt,
der dies erfolgreich hat erprobt

Fussgängerzonen-Impressionen

Schauplatz:
Dicht am Fußgängergewühle
von Lokal- Bewirtungsräumen,
weißes Biergartengestühle
unter mächt`gen Ahornbäumen.
Handlung:
Oben Sonne, brennend heiß,
unten Kellner, Frack, schwarz-weiß,
rechts am Tisch thront ein Papa
- feist und wuchtig wie Mama -,
die sich links des Tisch`s platziert,
das gesträhnte Haar frisiert.
Zwischen beiden - kugelrund -
plärrend Kind, ganz vorn der Hund,
dessen Augen gierig blicken
auf Essensreste der drei Dicken.
Mama mit der Göre schilt,
Papa rüpst, schaut in die „Bild“,
legt sie resigniert beiseite:
„Steuern steigen, alles Scheite!
Ach, wie schlecht gestellt sind heute,
doch wir armen, kleinen Leute!“

Kurze Begegnung

Rechts der Parkplatz – Supermarkt,
links ein Ziegelbau,
rechts wird laufend eingeparkt,
Fenster links: Aus Vogelschau
ergötzen sich bei „Menschenschau“
zwei Frauen
und schauen.
Ihre Lefzen hängen runter,
Münder klappen auf und zu.
Quatsch und Tratsch hält ja so munter,
und die Welt wird kunterbunter,
ach wie gern schaut man da zu!
Ihr Korsett - „Matronenrüstung“
quillt breit auf der Fensterbrüstung.

Jetzt fühl` ich den Schelm im Nacken,
schneide ihnen frech Grimassen,
ich, ein Meister im „Piesacken“
hab sie wütend werden lassen.
Gesicht verzerren, lange Nase ...,
eine war zutiefst betroffen,
schimpfte, griff die Blumenvase ...,
Pech, mein Schiebedach war offen!
Ich, der vorher frech gelacht,
hatte daran nicht gedacht.

Leuchter

Es ist gar mancher wohl geneigt,
dass seines Geistes Licht er zeigt.
Stolz zerrt er´s unterm Scheffel vor,
dabei merkt gar nicht erst der Tor:
Sein Licht, es leuchtet nicht, es glimmt,
die Mär der Leuchtkraft wohl nicht stimmt.
Er hat, so nennen wir es lieber,
ein schlichtes „Leuchter-Lampenfieber“

... bei den Hörnern packen

Wenn jemand, der sein Leben fast
vertrödelt und verträumt
nun schüttelt ab der Trägheit Last,
erkennt, was er versäumt,
der fasset hektisch den Entschluss,
Nichtstun zu überwinden.
Es lässt das Wort „was muss – das muss!“
auch ihn zur Arbeit finden.
Packt an den Hörnern er das Rind
bestrebt, das Blatt zu wenden,
da spürt er: am Gehörne sind
zwei schmerzhaft spitze Enden.
Das Tier war nämlich schlecht gelaunt
und warf ihn hart zu Boden,
erst jetzt erkannte er erstaunt:
Das Rindvieh hat ja Hoden!
Drum schau, wenn viel Elan du hast,
suchst Arbeit dir und Mühe,
dass du kein Horn vom Stier erfasst,
acht` stets auf sanfte Kühe!

Der Schuldlose

Ein Mensch, dem Gott viel Glück geschenkt,
voll Überzeugung bei sich denkt,
dass sein Geschick er selbst nur lenkt.
Er schaut auf andre voller Spott;
doch treibt es ihn in den Bankrott,
sucht er die Schuld dafür bei Gott.
Es fällt am schwersten halt im Leben,
die eigne Schuld schlicht zuzugeben.

Splitter in des Bruders Auge

Sie sind nicht zu übersehen -
meines Nächsten große Schwächen.
Doch, seh` ich ihn vor mir stehen,
fällt es mir, ich muss gestehen,
schwer, dies deutlich auszusprechen.

Kaum vermag ich ihm zu sagen,
was mir an ihm nicht gefällt,
dass sein Leben, sein Betragen
trübt mein Herz und wurmt den Magen,
kurz, stört meine heile Welt.

Darum gärt das in mir weiter,
was der andre mir an Gram
aufgebürdet, wo ich heiter,
hilfsbereit, nett und so weiter
als ein Vorbild zu ihm kam.

Nur als Narr und Kabarettist
könnt` man als ein Tugendwächter
frei ihm schildern, wie er ist,
ihn neu formen – doch ihr wisst:
Wer sich gut dünkt – ist oft schlechter.

Scheinheilig

Treiben Böse aus den Gossen
schamlos mit dir ihre Possen,
deine Gutheit kritisierend,
als „scheinheilig“ diffamierend,
tröste dich, es ist zeitweilig
schön, zu sein ein wenig heilig.

Das Sündenkästchen

Als junger Mensch schon schwor ich mir nach falschem Handeln,
das, was nicht rechtens war, nicht noch einmal zu tun,
und Böses würd` im Alter ich umwandeln
in Gutes und erst nach der Sühne ruh`n.

Damit ich keine dumme Tat vergaß,
hielt ich mein töricht Tun auf kleinen Zetteln fest.
In eine Schachtel, die mein liebes Weib besaß,
hab ich die Vielen all hinein gepresst.

Das Kästchen, Herberg meiner Sünden,
versteckte ich im Kleiderschrank
und hoffte, niemand würd` es finden,
dort in Vergessenheit es sank.

Dies Kästchen, mir trotz bösen Inhalt`s lieb und teuer,
warf meine Frau versehentlich und unbedacht
im Winter einstens in das Feuer,
wo des Kamines Flamme es entfacht.

Ich sah`s zu spät, war fassungslos,
dann zog`s mir froh durch Kopf und Därme,
die Sünden war ich unverschuldet los,
und Herz und Körper spürten angenehme Wärme.

Schuldkompensierung

Der Menschen quälende Gebrechen
entstammen häufig seinen Schwächen,
die eingebracht des Fleisches Lust,
doch deren Grund ihm unbewusst.
Er fühlt sich darum dann erst leicht,
wenn er es irgendwie erreicht,
für seine Schwächen, seine Sünden,
die Schuld bei anderen zu finden.

Der Ungeliebte

Wer stets gern nimmt und ungern gibt,
sich einzig und allein selbst liebt,
erhält nie - letzte Konsequenz -
in dieser Liebe Konkurrenz.

Wirtschaftswachstum

Wirtschaftswachstum sei dem Mensch beschieden!
Wirtschaftswachstum hält ihn still zufrieden.
Wirtschaftswachstum drum in aller Munde,
fröhlich wirtschaftswachsen wir uns so zugrunde.
Doch Wachstum, – dies sieht man noch beim Sturz,
im Dienst am Menschen kam zu kurz.

Evolutionslast

Ich möcht` gern besser werden,
doch es gelingt mir kaum.
Stets ernte ich Beschwerden,
mein Sein wird mir Alptraum.

Ich tret` oft in Fetttöpfe,
steck` tief in Tinte drin,
stoß Leute vor die Köpfe
und mach so gern Unsinn.

Ich würd` an mich nur denken,
sagt man - doch wer tut`s nicht?
Würd` alles ich verschenken,
gält` ich als dummer Wicht

Ich möcht` so gerne gut sein,
bekomm` es doch nicht hin,
d`rum müsst ihr auf der Hut sein,
mich nehmen wie ich bin.

Normen

Was nach Gesellschafts-Norm nicht recht,
ist nicht in jedem Falle schlecht.
Oftmals sind es die Außenseiten,
die der Gesellschaft Mitte leiten,
zu neuen Formen
die Normen
formen.

Von der Rührung

Die Rührung bringt, man soll`s kaum meinen,
selbst starke Männer oft zum Weinen.
Die Rührung, seelen-technisch richtig,
ist auch in andrer Hinsicht wichtig.
Durch Rührung wird man auch versuchen,
den Teig zu rühren für den Kuchen.
Die Masse, wenn sie nicht gerührt,
zu einem Klitsch-Sitz-Kuchen führt.
Die Bäckerin ist tief gerührt,
verzehrt man diesen ungerührt.
Dann mag die Rührung gar vereinen,
die Frau, den Mann in frohem Weinen.

Hauch des Bösen

„Der Teufel“, sagt man, „stinkt nach Schwefel“,
in manchem Mensch erriecht man Frevel.
Wer drum gern schnüffelt, der entdeckt:
Der Teufel schier in allem steckt.

Meine Güte

Wer in sich fühlt die große Güte,
vor Rührung feuchte Augen kriegt,
sich vor dem falschen Glauben hüte,
er hätt` das Böse schon besiegt.
Der hat sein Menschsein nicht begriffen,
der Teufel lauert allezeit.
Das Böse hat ihn schon ergriffen
wenn auch in Form von Eitelkeit.

Von der Einkommens-Schere

„Arm und reich hat es immer gegeben“,
sagte man früher und fügt` sich ergeben,
„demütig duldend werden wir Frommen
im jenseitigen Leben Entschäd`gung bekommen.“

Aufgeklärt sind sie zwar heute
die meisten – auch die armen Leute,
doch die Spanne zwischen reichem Spitzenreiter
und schaffendem Armen klafft weiter und weiter.

Am Lebensabend zeigen des Bürgers Renten
verglichen mit denen des Ex-Präsidenten
deutlich und ohne Gewissensqual
eine rechtlich gesicherte Doppelmoral.

Der Reiche jedoch innerlich lacht:
Gier zahlt sich aus, hab ich immer gedacht!
Lass die Kleinen hoffen auf bessere Zeiten,
wir haben sie längst, wir, die Gescheiten.

„Maggische“ Magie

M a g i e - geheimnisvolle Kräfte,
schwebend zwischen Sein und Schein,
Zaubertrankes Zaubersäfte
führ`n dich willenlos hinein,
in die Welten der Dämonen,
unerklärbaren Geschehn`s,
Schamanen Kräfte innewohnen,
Herrn des Werdens und Vergehn`s,
rufen als der Magie – Meister
aus der Mythen Sternenzelt
rituell beschworne Geister
her in unsre Erdenwelt.

Schaudernd fühlst du: in den Welten
die sich dir hier offenbaren
gänzlich andre Regeln gelten,
als vertraut sie dir doch waren.
Frösteln fährt dir durch die Seele,
du bangst und fällst in Hysterie.
In diesem Angstfall ich empfehle:
verändre schlicht das Wort „Magie“.

Kapp hinten ab den Vokal „e“,
und wenn nach diesem Kürzen
verdoppelst mittig du das „g“
kannst du mit Maggi würzen.

Walpurgisnacht

Angstvoll bin ich aufgewacht.
War da nicht ein Scheppern, Kratzen,
Krächzen, Meckern in der Nacht,
oder warn‘s verliebte Katzen,
die so schaurig Lärm gemacht?

Da, schon wieder tönt ein Wispern:
„Gib mir von dem Bilsenkraut!
Schierling! Alraun!“, hör‘ ich‘s flüstern,
„hei, dies Tranklein ist gebraut!“
kichern Stimmen wild und lüstern.

„Stechapfel nun - und dessen Saft!“,
tönen wieder Zauberworte.
„So, das Sälblein gibt uns Kraft,
trägt uns weg von diesem Orte.
Fein, das hätten wir geschafft!

Machen wir uns auf die Socken,
rauf auf unsern Besenstiel;
denn des Harzes großer Brocken,
welcher heut Nacht unser Ziel,
will zum wilden Tanz uns locken!“

Und dann rauscht´s an mir vorbei,
kopfbetucht, mit schwarzen Röcken,
mit Eulenruf und Käuzchenschrei
reiten sie auf Besenstöcken.
Das ist wahrlich Hexerei.

Nun versinkt der Mond im Dunkeln.
Schwärze. Nur wie Deckweißklexe
an dem Himmel Sterne funkeln.
Eine letzte, lahme Hexe
seh‘ ich träg von dannen schunkeln.

Träumte oder wacht‘ ich hier?
Leise, um es nicht zu schrecken,
ruf mein Weib ich her zu mir,
muss zu meinem Schreck entdecken:
Ei, das Bett ist leer von ihr!

„War sie bei dem Spuk dabei?“,
frag ich mich, doch meine Glieder
sind so müd´, so schwer wie Blei.
Ganz erschöpft leg ich mich nieder,
schlafe traumlos in den Mai.

Ich erwach‘, mein Kopf ist schwer.
„Frau, wo bist du bloß gewesen?“,
frag ich, doch als ob nichts wär‘
sagt sie: „Hier!“ - jedoch der Besen
schwankt im Spind noch hin und her.

„Sapperlot und Scheibenkleister!
Ahnt ich‘s doch: In jeder Frau
schlummern tausend böse Geister!
Schluss mit dieser Hexenschau,
fortan bin ich Hexenmeister!“

Hexenängste

Finstres, dumpfes Mittelalter!
Wissensferne Zeitepoche!
Schlichte Gottesreich-Verwalter
zwingen unter schwerem Joche
durch beschränkte Menschenschinder,
Furcht, Gewissensängste schürend,
ihre hör`gen Glaubenskinder
in erzwung`ne Richtung führend
hin in liebesferne Welt.
Hölle droht im Erdenschoß,
Himmel lockt gehorsam Frommen,
willkürhaft fällt meist das Los,
demutsvoll wird`s angenommen.

Glaubenswahn hält gleich der Pest
Ruf und Leib und Leben raubend
qualvoll Unschuldsopfer fest,
starr an Irrwegs Dogma glaubend.

In dem abgrundtiefen Grauen
Männer voller Todesnot,
sterben weise, beste Frauen
grauenvollen Feuertod.

Wahn vernichtet Christlichkeit,
Kultur verglüht im Scheiterhaufen,
Aberglaubens Hörigkeit
lässt die Torheit Amok laufen.

Des Entsetzens kalte Schauern
heut umfasst noch unser Denken,
wenn wir`s trauernd mit Bedauern
hin zu jenen Zeiten lenken.

Vernunft, aus schlimmem Traum erwachend,
drängt das Schreckliche beiseite,
lässt uns heute wieder lachend
atmen Lebens Sonnenseite.

Aufgeklärt lenkt man den Sinn,
fort von alptraum-tiefen Zwängen,
zu des Lebens Frohsinn hin,
lernt das Böse zu verdrängen.

Hexe, märchenhaft verbrämt,
wird verzerrt zur Scherzfigur,
man gedenkt kaum mehr verschämt
der Geschichte Schreckensspur.

Vom realen Hexenwesen
bleibt, dies sei erwähnt zum Schluss,
zum Spiel vielleicht ein schlichter Besen,
als Schmerz beim Mensch der Hexenschuss.

Der Teufel

Höllisch liebevoll umfasst er
große Menschen mit viel Zaster,
kleine auch – wenn sie voll Laster.
Nur ich – und auch nicht unser Paster,
wir passen nicht ins Sündenraster.
Wir wandeln auf dem Tugendpflaster,
das ärgert ihn, ich glaub, das hasst er.

Ungerechtigkeit

Dem Schlechten geht's oft gar nicht schlecht.
Dem rechten Mensch gebührt zwar Recht;
doch kriegt der Rechte oft das Schlechte,
der Schlechte dann des Rechten Rechte.

Ich denke...

(zur Zeit eine sehr beliebte deutsche Floskel)

„Ich denke, ich denk oft", so hab ich gedacht,
„dass man sich beim Denken Gedanken wohl macht."
„Beim Denken", so denk ich, „denkt wohl jedermann,
er könne gut denken, auch wenn er´s nicht kann."
Ich denk`, dass ich denke, zum Denken zählt Geist,
doch „Denke - Plappern" fehlt der zumeist.
Drum denk ich:„Soviel der Mensch heut auch denkt,
der Herrgott im Himmel letztendlich doch lenkt."

Tierisches

Glühwurmliebe

(„Lampyridae guentherius-paffrathikus“)

Man sieht in lauer Juninacht
manch Glühwurmmännchen fliegen,
es ´sucht mit seiner Funkenpracht
ein Glühwurmweib zu kriegen.

Da Weibchen - die meist flügellos -
im Grase sich verstecken,
geht für ihn jetzt die Suche los,
ein Weiblein zu entdecken.

Bald deucht`s ihm, unten regt sich was,
hat ihm gar eins gewunken?
Er stürzt sich liebestoll ins Gras
hin zu dem hellen Funken.

Verliebt spitzt er die Glühwurmlippe,
um dieses Glühwurmweib zu küssen ...,
doch war`s `ne Zigarettenkippe,
und er hat – brennend – sterben müssen.

Schlussfolgerung:
Es mag auch nicht der Menschenmann
blind hinter jeder „Flamme“ rennen,
gar manchen sah als Don Juan
man erst verliebt und dann verbrennen.

Spatzenliebe

Ein Spatzenmann schwört seiner Schönen:
„Dich -- als mein Weib – werd ich verwöhnen!
Mit Körnern, Würmern, Sämereien
wirst bestens du bei mir gedeih`n.
Den Nestbau werd` ich auch besorgen,
das Schilplied singen jeden Morgen.
Ich werd` dich auf den Flügeln tragen,
und selbst mein Leben für dich wagen,
gegen Katz und Greif bin allezeit
ich voller Mut zum Kampf bereit."

Die Spätzin gern sein Werben hört,
glaubt - weil sie`s möcht` - und ist betört,
sieht nicht, dass plötzlich wie ein Blitz
ein Sperber schießt zu ihrem Sitz.

Unschlüssig ob der Qual der Wahl
hält dieser inne, fragt erst mal,
wer sich für ihn nun opfern wolle,
wen er von beiden fressen solle.

Es lügt der Spatz in seiner Not:
„Ich fürchte zwar nicht meinen Tod,
doch ist an mir, dem Spatzenmann,
nahrungsmäßig gar nichts dran.
Ein bisschen Federn, Knochen, Haut –
sonst nichts, hingegen meine Braut
ist, wie Ihr seht, recht gut genährt,
wenn's wirklich sein muss – sie verzehrt!"

Der Sperber sie als Beute nahm,
der freche Spatz jedoch entkam,
lässt sich im dichten Strauchwerk nieder
und ordnet sorgsam sein Gefieder.

Am nächsten Tag – als ob nichts wär –
warb um die nächste Schöne er.
Er habe selbst, hört man ihn sagen,
den Sperber in die Flucht geschlagen,
wobei den Hinweis er vermied,
dass seine Braut dabei verschied.

Ob bei dem Text es sinnvoll wäre,
zu deuten dieser Fabel Lehre
und ob zu wem sie würde passen,
das bleibt dem Leser überlassen.

Taubenliebe

Die Täubin ließ mit klatschendem Gefieder
auf eines Daches First sich nieder.
Ihr Täuberich, nach keckem Flug,
der landete am Rauchabzug.
Er bläht sich auf und gurgelt, gurrt,
verbeugt nach rechts und links sich, schnurrt,
gewaltig aufgebläht der Kropf,
nach vorn, nach hinten zuckt der Kopf,
gespreizt die Flügelellenbogen,
den Kopf nach hinten nun gebogen,
lässt er den Schwanz gefächert schweifen,
sucht jetzt die Spröde zu ergreifen,
die, nunmehr nicht mehr abgeneigt,
zur Liebe die Bereitschaft zeigt.
Er hüpft auf ihren Federrücken,
um sich und sie dann zu beglücken.
Hier schwenkt des Lesers Blick nach innen
zum Menschen und den Menschen-innen,
die zieh´n im Innern Parallelen...
nun ja, die Flügel, Schnäbel fehlen.... ,
jedoch das größte Ungemach
bringt Flirten, Lieben auf dem Dach!

Rabenliebe

Die Krähen fliegen hin und her
und krächzen wie im Schmerz,
als sei das Leben gar zu schwer,
trotz Sonnenschein im März.

Der Grund: Kein Rabe weiß genau
- man krächzt zum Steinerweichen -
ob jener Schwarzrock Mann, ob Frau
weil sie sich so sehr gleichen.

So feiern sie ihr Hochzeitsfest
und warten nach der Feier
gespannt in ihrem Krähennest
auf Köttel oder Eier.

Schweineliebe

Es liebt ein Schwein ein Knäbelein,
und solches darf und kann nicht sein!
Drum sprach der Knabe zu der Sau:
„Du kannst nicht werden meine Frau,
zwar stört mich weder Grunzen, Stinken,
doch lieb` ich... höchstens (!) deine Schinken.“

Das Schwein sucht seinen Liebesschmerz
zu trösten draufhin anderwärts.
Es ehelichte einen Hund,
und just aus diesem Lebensbund
stammt - wie bekannt - der Schweinehund.

Drum, wenn die Liebe dich erfasst
schau, dass der Partner zu dir passt;
denn beim Beginn des Lebensbundes,
gedenkt man nicht des Schweinehundes.

Fischliebe

(So ist das Leben!)

Ein Hering sprach zur Scholle:
„Du bist `ne wundervolle
Partnerin zum Laichen,
wie könnt ich dich erreichen?“

Die Scholle zeigt verdrossen
ihm kalt die Schulterflossen,
sie liebt, was kaum ein Wunder,
den Grundfisch Emil Flunder.

Der Hering trotzdem heiter
umwarb sie eifrig weiter,
er nannt` sie „meine Königin“,
da gab sie nach - und sich ihm hin.
Sie ließ sich jetzt erweichen,
vor ihm auch abzulaichen.
Er entließ drauf seinen Samen,
gluckste dreimal „Amen“,
und nannt` seitdem die „Königin“,
die Heringsschollen-Partnerin,
die heiß geliebte Scholle
recht schlicht nur „meine Olle“.

Die Kuh

Ach, Kuh, wenn ich dich vor mir seh´,
tut`s mir im Innersten sehr weh!
Wie hat der Mensch es doch geschafft
des Wisents imposante Kraft,
das Bild vom urig stolzen Tier,
Germaniens Land und Wälder Zier,
derart zu degradieren,
planvoll zu domestizieren!
Enthornt, auf Leistung hoch getrimmt,
selbst in der Liebe fremdbestimmt,
ersetzt man deine Würde
durch jener Leistung Bürde.
Nicht mal des Bauern warme Hand
strippt heute dich mit Sachverstand,
längst melkt dich die Maschine
kalt-technisch mit Routine.

Für deine Milch, für Käse, Butter
vermitteln dir Computer Futter,
das ist oft schlecht; denn Kräuter, Klee
und Gänseblümchen sind passe‘.

Ach Kuh, du bist ein armes Tier!
Und sehnst du dich nach einem Stier,
der dir erwidert die Gefühle,
erscheint ein Mensch mit der Kanüle.

Selbst deinen Namen, „Rindvieh“, „Kuh“,
„Ochse“, „Bulle“... immerzu
wird er als Schimpfwort gar verwandt
und unter Menschen gern genannt.

Das Wisent ward Hochleistungskuh.
Verändert bist als Mensch auch du.
Auch dir schenkt‘ die E-vo-lution
nicht opferfrei den Herrschaftsthron.

Du lerntest manchem zu entsagen,
Unrecht, Last und Fron ertragen.
Zwar bleibt die Schlachtung dir erspart,
doch „melkt“ man dich auf andre Art.
Manch „Kräutlein“ ward dir schon genommen,
der Steuer kannst du nicht entkommen.
Der Staat pflegt deine Transparenz,
er prüft gar deine Intelligenz,
vergleicht dieselbe mit der Kuh,
daher stammt auch das Wort „I Q“.

Künstliche Besamung

Sprach der Herr vom Tierzuchtamte
als Kuh Bertha er besamte:
„Beide lieben wir den Akt
dennoch ist es nun mal Fakt
dass des Lebens Urvergnügen
weder dir noch mir beschieden.
Ich muss als Mensch nunmehr zu Dir,
stell dir halt vor, ich sei ein Stier.“

Die Bertha tat die Augen schließen,
versuchte krampfhaft zu genießen,
sie seufzte als der Menschenzwerg
verrichtet`, was sonst Bullen – Werk:
„Wie gut, dass ich nur eine Kuh,
und keine Frau, die immerzu
mit einem Mann durch`s Leben geht,
der von dem Schönsten nichts versteht,
ich möchte einen Stier nicht missen!“
Dann hat den Herrn sie grün beschissen.

GANS MENSCH

Die Gans - nicht Schwan, doch auch nicht Entchen
ist vorbild- tugend- musterhaft,
hätt´ mancher Mensch ein kleines Quäntchen
von deren guter Eigenschaft!
Mutig, wachsam ist die Gans.
In Liebe ihrem Herrn ergeben,
stellt sie vom Schnabel bis zum Schwanz
in Menschendienst ihr Gänseleben.
Wie reckt sie stolz ihr hübsches Haupt,
verjagt mit Zischen, Flügelschlag,
wer einzudringen können glaubt
in ihr Terrain in Hof und Haag.

Der Ganter, in der Liebe treu,
der liebt nur eine, - höchstens zwei
und ist die Ehe nicht mehr neu,
er selbst auch noch nicht altersmüde,
liebt er, wenn´s sein muss, auch mal drei,
doch sonst ist er total solide.

Naht dann die liebe Weihnachtszeit,
dann schwindet zwischen Mensch und Gans
die innige Verbundenheit
- zum Gänsenachteil(!) - oftmals ganz.
Der Mensch, den sie so treu bewacht,
hat sie zum Fest der Christen-Frommen
in aller Stille umgebracht,
gerupft und einfach ausgenommen.

Nachdem sie kalt und abgetropft,
wird in des Körpers Höhle
gefühllos nun hinein gestopft:
Äpfel, Pflaumen, rote Köhle

Bald liegt die Gans
- nun nicht mehr ganz -
zerstückelt in der Pfanne,
dieweil sie brutzelt vor sich hin,
da schmückt der Mensch im Zimmer drin

mit buntem Schmuck die Tanne.
Er singt dabei von Liebe, Frieden,
dankt für das Glück, das ihm beschieden.

Die Gans von all dem nichts mehr weiß.
Sie, die im Leben sich bewährt,
wird braun gebraten, knusprig, heiß
vom Menschen ungerührt verzehrt.
Derselbe denkt dabei recht heiter:
„Für mich, Gans, geht das Leben weiter!"
Vergisst das Schicksal seiner Gans
beim Gaumenschmaus dann völlig, ganz.

Gänse wie du und ich

Er naht uns an dem Zaune,
der stolze Gänserich,
Frau Gans folgt mit Geraune
und heftigem Gezisch.

Die Hälse nun sie recken
laut ihr Trompetenton,
sie woll'n uns jagen, schrecken,
wir machen uns davon.

Stolz schlägt er jetzt die Schwingen,
der Sieg füllt ihn mit Lust,
es dringt ein Siegessingen
aus seiner Ganterbrust.

Sie folgen uns am Zaune,
die Hälse vorgereckt,
er stößt in die Posaune,
fühlt sich mit Ruhm bedeckt.

Wie menschlich ihr Gebaren
bei Gans und Gänserich,
ein wenig offenbaren
sie darin dich und mich.

Ei oder Henne?

Die Frage bracht oft Streiterei:
Was war zuerst, - das Huhn? - das Ei?
„Das Ei konnt‘ ohne mich nicht werden“,
so sprach die Henne selbstbewusst,
„ich Henne war zuerst auf Erden,“
stolz plustert sie die Hühnerbrust.

Das Ei sprach wackelnd, aufgeregt:
„Du Henne hast mich zwar gelegt,
doch kamst du – ohne Frage –
selbst aus dem Ei zutage.“

„Wer hat die Eiform sich erdacht,
dich Ei, schmerzhaft zur Welt gebracht,
gegackert noch voll Freude,
trotz Wehen, trotz dem Leide?“
Die Henne gackernd triumphiert.
Das Ei jedoch rasch reagiert:

„Aha, jetzt wird groß aufgemüpft,
Nun sag‘ schon, woraus Du geschlüpft?
Du schweigst, du siehst, es bleibt dabei:
Es war zuallererst das Ei!“

„Nicht Huhn, nicht Ei ist Euer Ahn,
zuerst war ich!“, kräht jetzt der Hahn.
Geschwoll‘n der Kamm,
gesträubt‘s Gefieder
schreit Ei und Henne er laut nieder.
„Zuerst entstand – in Schöpfers Namen –
im Urmeer maskuliner Samen.
So stand statt Huhn und Ei nebst Pelle
ich, der Hahn, an erster Stelle!“

Viel hatten Huhn und Ei bedacht,
darüber doch nicht nachgedacht.
Wie oft, wenn zwei sich stritten,
gedacht' man nicht des Dritten.

Dies Gleichnis oben mahnt uns d'ran:
Beim Mensch war auch zuerst der Mann
Die Frau - als „Rippen-Transplantat" -
kam bei dem Schöpfungsakt zu spat,
Der Mann hält sich dezent zurück,
gönnt Huhn, Ei, Frau ihr zänkisch Glück,
lässt gönnerhaft - als Herr der Welten –
auch Weibliches ein wenig gelten.

Pferde-Beschwerde

Beim Schöpfer sich ein Pferd beschwert,
weil es, trotz seines Namens „Pferd",
nur ziehen muss und niemals fährt.
Der Mensch auf seinem Kutschgefährt
- dies fand das Pferd verdammenswert -
hingegen pferdgezogen fährt.

„Herr", sprach es, „das ist wahrlich schlecht,
zum Pferd bist du, Gott, ungerecht."

Der Herr schlug sanft die Augen nieder
und sprach für sich: „Da sieht man's wieder,
Kritik beherrscht ein jedes Vieh
stets besser als Orthographie."

Von Schwalben und Spatzen

Die Männer gleichen allenthalben
charakterlich wohl unsern Schwalben,
denn diese sind exotisch schön
eine Freude ist`s, sie anzusehn.
Die Schwalbe jagt nach Flieg´ und Mücke,
der Mann nach Wohlstand und nach Glücke.
Die Männer brav und nützlich sind,
ernähren Staat und Weib und Kind.
Es treibt sie manchmal auch recht gerne
– den Schwalben gleich – weit in die Ferne,
doch Mann wie Schwalbe sind voll Glück,
kehr´n in die Heimat sie zurück.

Die Frauen gleichen eher Spatzen,
die gern laut streiten und viel schwatzen.
Stets zeigen sie der Nachbarschaft
spektakelnd Sperlings Vorherrschaft.
Sie brauchen weder Pflug noch Joch;
der Herr im Himmel `nährt sie doch.

Sie leben in den Tag hinein,
sind oft bereit zum Stelldichein
und plustern ihre Federbrust
in stets bereiter Liebeslust.

Würd` mir die Frage heut gestellt,
was mir am besten wohl gefällt:
die Schwalbe hoch auf Daches Rand...,
der Sperling unten in der Hand...,
es kämen Schwalbe wie auch Spatz
bei mir zugleich auf ersten Platz.
Ein jeder Mensch erkennen kann,
ob Spatz, ob Schwalb`, ob Frau, ob Mann:
Gut ist, was Gott uns hat beschert,
der Mann ist lediglich mehr wert.

N.S.1: Und wirst Du, Frau, nun übermannt
vom Zorn, so sei Dir frei bekannt:
Im Grund weiß jeder ganz genau:
Der Schöpfung Krönung ist die Frau!

N.S. 2: Wenngleich der Mann, das edle Wesen,
zuerst im Paradies gewesen,
die Frau, das Rippen-Transplantat,
kam so wie eh und je zu spat.

N.S.3: Die Frau ist deshalb spät gekommen,
weil Gott sich für sie Zeit genommen.
Sie gleicht drum heut noch einem Engel,
der Mann tendiert mehr hin zum Bengel.

Eitelkeit

Ein Frosch quakt voller Eitelkeit:
„Es springt kein Tier wie ich so weit."
Seitdem er sah den Springbock springen,
sagt er: „Ich kann am besten singen."

Schneckenwetter

Sie war die schönste, die dickste, die längste Schnecke
in ihrem Krautschloss unter der Hecke.
Die gestreckten, langen Fühler
melden freudig: „Es wird kühler!“
Am Himmel, die scheußlich heiße, gelbe Tonne
ist weg, hinter Wolken die Sonne.
Die Fühler spür`n Regen,
jetzt gilt`s, sich bewegen!
Aus Kraut, grünem Holze
kriecht hinaus nun die stolze,
die schönste, die dickste, die längste Schnecke
aus ihrem Verstecke,
der triefenden Hecke.
Der Regen platscht herrlich,
doch ist er gefährlich;
denn er lockt zum Asphalt,
der sehr schön nasskalt!
Sie kriecht eine Runde,
drei Meter die Stunde,
vernimmt noch ein Pfeifen,
dann saust schon der Reifen
heran ... Platsch!
Rot-weißer Matsch!
Die Schwestern der Schnecke,
auch aus der Hecke,
sie eilen, sie strahlen,
die Kriechkannibalen
sie können nicht weinen,
aber sie meinen,
es wäre das Beste,
zu verzehren die Reste.
So folgt nach dem Schmaus
für die schönste,
die dickste,
die längste Schnecke
aus dem Verstecke
hinter der Hecke
das endgültige
Aus.

Mutation

Einst wühlte mürrisch bei Husum
ein Wattwurm in dem Watt herum.
Er fraß tagaus, er schluckt tagein
den Schlick und Sand zum Schlund hinein,
und spritzt' tagein wie auch tagaus
ihn hinten schön geformt hinaus.

Dann einst, bei einem Regensturm,
ward es im Watt zu dumm dem Wurm.
Er sprach: „Ich schluck tagaus, tagein
den Sand und Schlick in mich hinein,
und presse ihn tagein, tagaus
mit Schwung und Druck aus mir heraus.
Wat hab ich in dem Watt verloren?
Ich bin zu Höherem geboren.“

So sprach er und kroch allsogleich
bei Nacht und Regen über'n Deich.
Hier ward er kleiner, rosig, glatt.
Er ließ im Watt zurück das Watt,
und nannt' sich nach dem Regensturm
statt „Wattwurm“ - nunmehr „Regenwurm“.

So ward bei einem Regensturm
– ich erwähnt es oben schon –
aus einem Watt- ein Regenwurm,
und so was nennt man „Mutation.“

Froschgespräche

(vom Wissen, Wollen und Nichttun)

„Mücken sind“, quakt` alle Tage
laut ein Frosch, „doch eine Plaage.
Fangt sie fort, dann ist ohn` Fraage,
hört, was ich als Weiser saage,
aller Taage Plaage wech!“
Doch grad dieser Frosch hatt` Pech.

Ein Storch, so sind des Lebens Tücken,
fing lieber Frösche sich als Mücken,
verschlang den Frosch mit frohem Klappern,
der starb, und mit ihm starb sein Plappern.

Jedoch trotz Ende seines Lebens
war doch dasselbe nicht vergebens,
konnt` eines er darin erreichen:
vor seinem Tod noch abzulaichen.
Bald nun werden kleine Quappen
nach Luft und dann nach Mücken schnappen
und quakend alle Welt beglücken
mit der Parole: „Fangt die Mücken!“

So dreht halt alles sich im Kreise,
auch Gattung Mensch fühlt sich frosch-weise,
möcht` quakend alle Welt bekehren,
zieht aus der Geschichte keine Lehren,
pflegt zwischen Wissen, Wollen, Tun
zudem auch meist zu lang zu ruhn.

Eidechse

Am Wegrand entdeckt,
grün-schwarz gefleckt,
silbrig geschuppt
huscht, stoppt abrupt,
hat mich gesehen,
bleibt züngelnd stehen,
verharrt unbewegt,
nur das Herzchen, das schlägt,
huscht in den Wald
der Halme, oh kalt!

Kehrt zurück in die Sonne,
streckt sich voll Wonne,
drückt - spreizend - die Beine
auf sonnwarmem Steine
und dann ihren Bauch,
den Kopf seh´ ich auch
träumend sich legen
der Wärme entgegen.

Nicht in Schlaf fallen!
Ein Greif, der hat Krallen!
Ich mag dich schon sehr,
doch ein Falke noch mehr.

Schmetterlinge im Bauch

Ein Schwalbenschwanz
mit Namen Hans,
der faltert` durch die Lüfte;
jedoch er sucht die Blüten nicht,
- die sonst sein Lieblingsleibgericht -
nur feminine Düfte.
Bald ortet er Frau Schmetterling,
ein hübsches, buntes Flatterding.
Sie paar`n sich voller Wonne
auf einer Regentonne.

Doch wer so selbstvergessen liebt,
sich oftmals in Gefahr begibt.
Ein Spatz, der gerade Wasser trank,
der sprach zu sich: „Dem Herrn sei Dank,
der mir auf nette Weise
zum Trank schenkt Falterspeise.“
Er schlang hinab erst die Substanz
des armen so verliebten Hans,
ihm folgte in den Spatzenbauch
des Schwalbenschwanzes Liebste auch.

Ein Sperber, der vorüber strich,
erspäht für sich gedeckt den Tisch,
ergreift den Spatz nebst Schwalbenschwanz
und kröpft die Beute bald schon ganz.
So ging dem Spatz als Profiteuer
zum letzten Mal etwas verquer.

Doch Sperbers Glück war nicht von Dauer.
Ein Jäger lag schon auf der Lauer
und schoss mit einer Ladung Schrot
den Sperber unverzüglich tot.

Der stolze Jäger sich sehr freute,
rasch eilte er zu seiner Beute
doch stolpert er... - welch Missgeschick!
Er fiel und brach sich das Genick.

Ein solches Drama kennt man schon
und spricht von „Kettenreaktion".
Doch wer ahnt solche Konsequenzen
– ausgelöst von Schwalbenschwänzen?

Es lehrt uns das Geschehen heute:
a) Stürz dich nie blindlings auf die Beute,
b) das Übertölpeln von den Schwachen
kann satt zwar, doch nicht glücklich machen,
c) verzichte letztlich auf die „Wonne"
`ner Paarung auf der Regentone.

Ansichtssache

Zwei Flöhe hüpften einer Maid
erlebnishungrig unters Kleid.
Flohmännchen sagt: „Ich seh` schon gleich
hinein ins schöne Himmelreich."
Flohweibchen meint: „In dem Gewölle
vermute eher ich die Hölle."
So seh`n sogar die Flöh` hienieden
ein Gleiches doch recht oft verschieden.

Igel Fritz

In einer Bauernhof-Idylle
lebt‘ Igel Fritz in aller Stille,
im Schuppen unter viel Gerümpel
zwischen Hühnerhaus und Ententümpel,
nebst Kindern, die von ihm gezeugt,
und Ig`lin Bertha, die grad säugt.

Fritz lebt von Käfern, Würmern, Schnecken,
und von ihm selbst ernäh‘rn sich Zecken.
Vor sonst‘ger ird‘scher Feindlichkeit,
da schützt - denkt er - das Stachelkleid.

Für Fritz naht einstens das Malheur
abends auf dem Straßenteer:
Ein Auto fuhr - wenngleich verhalten –
der Fahrer bremst, doch kann nicht halten...,
Fritz half`s Zusammenrollen nicht,
auch nicht die Stacheln, dicht an dicht.

Jetzt, Leser, kriegst du einen Schreck...,
doch Trost, letztlich kam Fritz gut weg,
obgleich er gar nicht aufgepasst,
ward er von keinem Rad erfasst.

Und die Moral - so es sie gibt -
- und falls Moral der Leser liebt -:
Einigeln ist zwar gut und schön,
doch Obacht kann den Schutz erhöhn!

A B C - Börsengang

Es schufen Affe und ein Bär
und ein Chamäleon
ganz unbedarft von ungefähr
´ne Wirtschaftsliaison.
Vor dem geplanten Börsengang
kam ihnen die Idee:
sie nannten, weil‘s nach ihnen klang,
sich schlicht: ,,Das A B C !“

Der Affe sagt‘: „Ich habe Geist,“
der Bär: „Ich plumpe Kraft,“
das Chamäleon darauf verweist,
es sei sehr wechselhaft.

„Das A B C wär´ was für mich,
es könnt‘ mir dienlich sein“,
das dacht‘ der Mensch und kaufte sich
bei dieser Firma ein.

Man sah als größten Aktionär
das A B C ihn raffen.
Drum steckt im Menschen viel vom Bär
vom Chamäleon und vom Affen.

Vom Maulwurf und anderen Kriechern

Als Gott die Tierwelt hatt` erschaffen,
formt kurz vor`m Menschen er die Affen.
Dies war nicht leicht, der Pavian
fing viel zu früh zu springen an.
Mit seinem Po, noch nackt und bloß,
riss von dem Schöpfer er sich los.
Dem Herrn blieb nur die recht famose,
haarig-schwarze samt`ne Hose.
Als er dem Maulwurf die vermacht,
hat dieser spöttisch nur gelacht:
„Ein Fell von einem Affenarsch
ist für mich Edeltier zu harsch!
Ich bin was Bess`res und verlange
für mich `nen Anzug von der Stange!"
Hinsichtlich Nahrung – kaum zu glauben -
da fordert er gebrat`ne Tauben
und Blumenkohl, auch Pommes frites ...
Verzeihung – letzt`res war ein Witz.

Es hat den Schöpfer recht verdrossen,
das Maulen und des Maulwurfs Possen.
„Ich will dich Großmaul nicht mehr sehen,
du sollst ins dunkle Erdreich gehen,
daselbst magst du dein Mütchen kühlen
und in der feuchten Erde wühlen.
Es ist für dich auch angemessen
dort Wurm und Engerling zu fressen!"
Er sagte nicht zu den Maulwürfen,
dass, wenn sie durch die Erde schlüfen,
den Gärtnern – fast zum Haar-ausraufen –
zu schenken große Maulwurfhaufen.

Lern, lieber Mitmensch, nie zu maulen,
nie deinen Herren zu vergraulen,
ihm stets, willst du nicht kraftlos siechen
artig in den Hintern kriechen.
Du siehst, wenn du dich wühlst hinein
verblüfft: Ich bin ja nicht allein!
Zu deines Mitmensch`s Hochgefühlen
zählt Schmeicheln und im Dunkeln wühlen.

Gleichnis

Im Reich der Tiere sprach das Reh:
„Kommt, lasst uns Frieden schaffen,
verschonet uns, erspart uns Weh
durch eurer Körper Waffen."

Und Bär und Fuchs und auch der Leu,
sie sagten: „Gut, ab morgen,
da fressen wir nur Gras und Heu,
dann seid ihr frei von Sorgen!"

Sie tönten laut: „Hört, aufgepasst,
ihr Pflanzenfresserleute,
nur einmal wird noch zugefasst,
von uns, nur einmal noch, nur heute!"

Das „Morgen" jedoch schoben nur
sie sachte vor sich her,
es konnten wider die Natur
nicht Leu, noch Fuchs, noch Bär.

Drum, liebe Leute, seht euch vor!
Was eure Herrn versprechen,
das glaubt ein Narr nur und ein Tor,
s i e zahl'n der Herren Zechen!

Vogelschiss

Ein Mann, der in dem Lauf der Jahre
gewachsen ist durch seine Haare
und drum, anstatt sich zu frisieren,
die Glatze nur braucht zu polieren,
der horcht bei einer Städteführung
des Leiters Worten, der voll Rührung
von einer Liebe nun berichtet,
die durch Intrigen ward vernichtet.

Wie er jetzt aufmerksam so lauscht,
kommt eine Möwe angerauscht.
Noch glänzt die Glatze unversehrt,
doch als der Möwendarm sich leert
genau auf diese blanke Stelle
verliert sich schnelle deren Helle,
da sich der Möwenschiss beeilt,
dass er - da flüssig - sich verteilt.

So sieht man vorne und zur Seiten
den Vogelkot sich rasch verbreiten.
Nun zeigt der Mensch meist ungescheut,
dass andrer Schaden ihn erfreut.
Er sucht der Freude dann durch Lachen
ungebremst auch Luft zu machen.

Der Mann, dem dieses Pech passiert
die Fassung durchaus nicht verliert
und wohl bewusst, dass er erleide,
der andren große Schadenfreude,
wischt er mit Tempo-Tüchelein
die stark verschmutzte Stelle rein.
Mit etwas Spuke leicht verwässert
wird säubernd noch was nachgebessert.

Bald blinkt die Kopfhaut wie zuvor
man stelle sich doch bloß mal vor,
wie wär` ein Haarschopf stark verklebt,
hätt` er den Vogelschiss erlebt.
Den großen Vorteil – sieht man – hat se,
die pflegeleichte, schöne Glatze.

Herr Hummel

Herr Hummel summet durch die Luft
im Sommersonnnenschein,
doch lockt ihn nicht der Blütenduft,
er fühlt sich so allein.

Für ihn sind alle Blüten grau;
denn er ist Junggeselle,
und sucht ganz dringend eine Frau,
doch die ist nicht zur Stelle.

Die Hummelin wollt` keinen Hummel,
strebt nach was Bess`rem zweifelsohne ...
sie mag kein Hummelmann-Gefummel! ,
drum paart` sie sich mit einer Drohne.

Im Herbst sah dann der Hummelmann
wie Bienen Drohnen morden und vertreiben,
er denkt: nichts bess`res kann ein Mann
als ledig und lebendig bleiben.

Einbeinige Lachmöwe

So wie ich auf zweien stehe,
steht sie auf nur einem Bein.
Armes Möwchen! Wie ich sehe,
bist verletzt du und noch klein.
Äugend schräg dein linkes Auge
lugt zum Butterbrotpapier,
ob ich ihr als Wesen tauge?
Fragend linst sie her zu mir.

Rechtes Auge blickt nach oben,
ob dort Konkurrenz wohl droht?
Hier, ein Bröckchen! Abgehoben,
Bein nach hinten fortgeschoben
segelt schwankend sie zum Brot,
bremst – ist denn dem Mensch zu trauen?
Whusch ..., es rauscht blau-weiß Gefieder,
rasch zu Brot, Mensch, Himmel schauen
und sie lässt sich näher nieder -
armes Tier - und nur ein Bein!
Noch sind beide wir allein.
Hier ein weitres, größ`res Stück!
Kaum erspäht, schon abgehoben,
Bein nach hinten fortgeschoben,
ich tret still etwas zurück.
Wabbelnd wallt ihr Flügelschlagen,
rechts und links – wie Meereswogen.
Spähend und mit leerem Magen
kommt ein Möwenpulk geflogen.
Möwchen stößt im Flug herab.
Schnapp!“

Kaum erfasst – auch schon verschluckt,
nach dem nächsten Brot geguckt,
gaukelt,
schaukelt,
landet kurz, den gelben Schnabel
nutzt geschickt sie gleich der Gabel.
Hochgeweht,
lauernd steht
es im Wind,
Möwenkind
mit einem Bein,
nicht mehr allein.
Auch die Verwandten,
Onkeln, Tanten,
Schwestern, Brüder, Vater, Mutter
haben Hunger, wollen Futter.
Möwchen gaukelt,
Möwchen schaukelt,
schimpft zur Möwenschwester frech:
„Du hast Pech,
der Mensch ist meiner
und nicht deiner!"
Möwchen jagt, hackt, segelt wild,
stolzes Bild, iäkelt, iakelt
zetert, spektakelt.
Da, es fällt mein Brot!
Möwchen in Not
landet vor mir -
alles ist i h r.
Doch seh` ich, die Kleine
hat ja wieder zwei Beine!,
erkenne, wenn Möwen `was Gutes erhalten,
sie sich geschickt und fast menschlich verhalten.

Von Ameisen, Menschen und Sozialmägen

Oh Mensch, es ist nicht auserlesen
dein hochgelobtes Staatenwesen!
Sozialer ist doch beispielsweise
im Emsenstaate die A-meise!

So hat sie einen Vorratsmagen,
in dem kann sie nur Vorrat tragen,
für sie ist nicht vorgeseh´n,
sie muss damit zum Volke geh´n.

Was sie gebraucht zum eignen Leben,
muss ihr die andre Emse geben.
Will sie drum ihren Hunger stillen,
braucht sie der andren guten Willen.

So ist die Emse dieser Welt
stets auf die andre eingestellt.
Der soziale Magen - gut erdacht –
hätt‘ Segen er auch uns gebracht?

Müsst‘ ich - als Mensch - dem Nachbarn Meier
mittels meines Magens Säfte,
diesem miesen, fiesen Schreier
geben neue Lebenskräfte?

Tante Olga, zahnlos, hässlich,
ach, es würde mich erschüttern –
und es wär‘ für mich gar grässlich,
sie von Mund zu Mund zu füttern.

Oder ich erhielt mein Futter
selbst, wenn es mein Leibgericht –
aus dem Bauch der Schwiegermutter –
nein, das möcht‘ ich wahrlich nicht!

Denk‘ ich nur an Zahnprothesen,
Grippe, Husten, Heiserkeit
wird mir ein soziales Wesen
solcher Art doch sehr rasch leid.

Froh, dass den sozialen Magen,
ich als Mensch nicht brauch‘ ertragen,
sag‘ ich dennoch achtungsvoll:
„Der Emsenstaat ist wundervoll!“

Beschreibung

Zur Jungen die weise Alte sagte:
„Einst sah ich ein gewalt´ges Wesen,
das tausendfach mich überragte,
dies sei, hört ich, ein Mensch gewesen.

Der Kopf war kaum zu überschauen,
die Haare wie ein Riesenwald
und auf der Stirn Gestrüpp von Brauen,
die Stimme furchterregend hallt.

Die Nasenlöcher – Riesengänge,
die Augen hatten Riesenklappen,
die Wimpern dreimal meine Länge,
die Zunge war ein Riesenlappen.

Und erst des Wesens Riesenbeine
mit Riesenfüßen, Riesenzehen
- schier tausendmal so groß wie meine,
in Riesenschuhen diese stehen.

Die Junge schaut die Alte an.
„Stimmt das alles?“, fragt sie leise.
„Ich künde nur die Wahrheit an“,
sagt ernst die ältere, die weise
Ameise.

Vom Leben und Sterben eines Casanovas

Er schritt gleich einem mächt`gen Mann
stolz, arrogant einher,
fing gerne einen Zweikampf an,
kam wer ihm in die Quer.

Die Arbeit er von Herzen scheut,
jagt aber als „Rumtreiber“
in seiner reichlich freien Zeit
- wo er sie sah - die Weiber.

Dann eines Tages sah ich ihn:
bleich nackt und ohne Kopf,
sein Hahnenleben war dahin,
- in einem Suppentopf.

Drum, wenn ich einen Hahn heut seh`,
mit noch so vielen Hennen,
kann ich ihm ohne Neid und Weh
sein Liebesleben gönnen.

Urgefühle

Es ward ein Ferkel einst geboren,
so rosig, niedlich, brav und rein,
dass es vom Menschen ward erkoren,
als Schwein dem Menschen gleich zu sein.

Und fern von schweinischen Verwandten,
von Vater Eber, Mutter Sau
erhielt es Lehrer, Gouvernanten
ward letzten Endes menschlich schlau.

Man kleidet es mit Rock und Hose,
mit süßen Rüschen, Bändern, Schleifen,
besprüht es mit dem Duft der Rose
und wusch es mit den besten Seifen.

Es ließ sich gar von Kirchenglocken
aufrecht schreitend auf zwei Beinen (!)
zur Andacht in die Kirche locken,
was nicht üblich sonst bei Schweinen.

Doch wie`s nun mal im Leben ist:
Das „Menschschwein“ kam zu einem Mist,
gehorcht den Urgefühlen,
begann im Mist zu wühlen.
Es war – trotz allem Menschgewerkel ...,
im Innersten halt doch ein Ferkel.

NACHAHMER

Die Wühlmaus wollte nicht mehr wühlen,
gehorchte höheren Gefühlen,
erfüllt sich ihren höchsten Traum:
Sie krabbelte auf einen Baum,
um den als „Fledermaus“ bekannten,
den hautgeflügelten Verwandten,
es gleichzutun, wie sie zu schweben
einmal in ihrem Mauseleben.
Und da ihr Wunsch sie nicht ließ ruhn,
der Fledermaus es gleichzutun,
sprang sie hinab, wild, zügellos,
doch – wie bekannt – auch flügellos.
Ihr brach – welch trauriges Geschick! –
die Erdanziehung das Genick.

Es lehrt uns die Geschichte dies:
Zu hoch hinaus, das schließt oft mies,
und ferner soll man doch mitnichten,
sich nicht nur nach Verwandten richten.

Alte Liebe

Nur weil ich den Zug versäumte,
traf ich sie heut in der Stadt.
Sie, von der verliebt ich träumte,
einst mein Herz gefangen hatt`.

Jetzt, da möchte ich ihr sagen,
dass mich Sehnsucht einst verzehrt,
wie mein Herz für sie geschlagen,
wie ich innig sie begehrt.

Endlich stand ich dicht vor ihr,
und mein Herz hub an zu bammeln.
Als sie näher trat zu mir,
konnt` ich nur vom Wetter stammeln.

Arrivederci!

Ade, mein Mädchen, Lebewohl,
good bye, auf Nimmerwiedersehen!
Falsch ist dein Herz und leer und hohl,
drum magst du deiner Wege gehen!

Ich fühlte meine Seele kochen,
schwankt innerlich doch wie ein Rohr.
Der Zornausbruch war vor zwei Wochen,
heut liebe ich sie wie zuvor.

Gefährliches Wunschdenken

Ein Mädchen sitzt in einem Bus,
ihr Hündchen auf dem Schoß,
ein junger Mann lässt voll Genuss
den Blick nicht von ihr los

Sie ist so sexy, sinnlich schön;
drum spricht er sie bald an:
„Würd`s mir wie Ihrem Hündchen geh`n,
dürft ich dort ruh`n – als Mann!"

Sie schaut ihn an, in ihrem Blick
ein schelmisch Lächeln glimmt,
doch er schwärmt weiter von dem Glück,
das nur dem Hund bestimmt.

„Wie gern tauscht ich doch mit dem Hund,.
Lässt sich dies arrangieren?"
Da öffnet lächelnd sie den Mund:
„Ich bring ihn zum Kastrieren!"

Liebeskummer – Liebeskammer

Liebeskummer bringt viel Jammer.
ist für sie und ihn nicht nett,
schöner ist `ne Liebeskammer
und für zwei darin ein Bett.
Hier bedarf`s kaum großer Worte.
Was des Körpers Sprache spricht,
liebt man zwar an solchem Orte,
doch versteht man`s meistens nicht.

Drosselbärte

Blaue Augen, blonder Schopf,
Grübchen in den Wangen,
anmutsvoll von Fuß bis Kopf
ihre Formen prangen.

Jeder Schritt gazellenhaft!
Herrlich war es, wenn sie lacht`!
Uns, die wir noch knabenhaft
hat sie schier verrückt gemacht.

Als ich schüchtern ihr gestand,
was ich für sie fühle,
sagte sie mir kurzerhand
spöttisch und mit Kühle:

„Blick mich an, wie ich ausschau,
dann sieh in den Spiegel,
zwischen uns siehst du genau
Klüfte, tausend Riegel!“

Jahrzehnte später traf ich sie,
Prinzessin aus dem Jungendtraum -
Stern der Jungenphantasie -
... und erkannt` sie kaum.

Trüb schattierte Augen rollen.
Schlaff, was straff war, dick, was schlank.
Ihre Hinterbacken quollen
förmlich von der Gartenbank.

Sie ... sei ... immer noch zu haben,
sagte sie zu mir gedehnt,
sie schwärme sehr für alte Knaben,
dankend hab ich abgelehnt.

Spotte drum nie als Entweiher
junger Liebe, die so zart,
hin und wieder steckt im Freier
doch ein König Drosselbart.

Grösste Liebe

Kaum hatten wir uns einst gekannt,
waren wir in größter Liebe
für einander schon entbrannt,
pflegten unsrer Liebe Triebe.

Deine frisch gedrehten Locken,
roter Clips am rechten Ohr,
rosa – weiß gestreifte Socken,
Seidenbluse mit Dekor,
dunkelbraunes Faltenröckchen,
Armbanduhr mit Lederband,
an dem Armreif kleine Glöckchen,
(die als störend ich empfand),
rosenrote Stöckelschuh,
Handtasche aus Ziegenleder,
nicht ganz passend noch hinzu:
grüner Hut mit Reiherfeder.
Wie du siehst, ist mein Erinnern
bis ins Kleinste lebhaft, wach,
und du schwangst in meinem Innern
auch noch eine Weile nach.

Trotz manch äuß`rer Parallele
konnt` enträtseln ich dich nicht.
Heut` frag` ich: „Hatt`st du `ne Seele?
Wie sah aus dein Angesicht?

Schlusswort in einem Abschiedsbrief

Als ich dich erstmals sah, dies möchte ich dir frei gestehen,
war ich entflammt, du warst so schön geschminkt und toll frisiert,
doch hätt` ich damals deine Seele klar gesehen ...
ich hätte in dich nichts, rein gar nichts investiert.

Weisst DU noch?

Weißt du noch, als ich dich küsste,
damals auf der Gartenbank?
Glaubst du, dass ich nicht mehr wüsste,
wie dein Kuss so zärtlich lang?

Heut noch sehe ich dein Mieder
straff gespannt, rot-weiß kariert,
wie du stürmisch mich drückst nieder
und wie ich mich erst geniert?

Rotes Band in schwarzen Haaren,
deine Augen – ganz genau! –
seh` ich noch, rehbraun sie waren – " ...
„Nein", sagt sie, „sie waren blau,
und das sind sie auch noch heute,
auch hatt` ich kein schwarzes Haar,
`s war wohl eine Ihrer Bräute,
i c h es jedenfalls nicht war.

Nie hatt` ich ein solches Mieder,
Sie mein Herr, sind wohl senil,
stören Sie mich niemals wieder,
was zu viel ist – ist zu viel!"

Ach, mit den Erinn`rungsstücken
falsch verquickt mit Wunsch und Traum
kann man zwar sich selbst beglücken,
fremde Damen jedoch kaum.

Träumerei beim Betrachten einer Gruppe junger Leute in Malaga

Für mich hieß sie einfach „Carmen“,
- ob dies stimmt, weiß ich zwar nicht –
hübsch, mit samtig braunen Armen,
frohes Lachen im Gesicht,
braune Augen, dunkel glühend,
leicht gelockt ihr schwarzes Haar,
schöner Körper, lebenssprühend
schlendert sie zur Burschenschar,
die an Rollern, Mopeds lehnen,
ein`ge treiben Späße, Ulk,
andre geben cool sich, gähnen.
„Carmen“ weilt beim Jungenpulk,
stimmt mit ein in Lachen, Schwätzen,
Mädchen kommen noch hinzu,
einige zum Kreis sich setzen,
plappernd, lachend immerzu,
dabei heimlich sich fixieren,
wer zu wem wohl könnte passen... –
ob es Carmen wird riskieren
sich mit jemand einzulassen?

Pepe mit dem roten Roller
hat es ihr wohl angetan,
und der zeigt bald, was ein toller
Kerl wie er, schon leisten kann,
fährt rasant zwei schnelle Runden,
der Motor heult wild nun auf,
Carmen, Zögern überwunden,
setzt sich keck mit hinten drauf.

Ach, du junge, schöne Carmen,
so fängt süßes Elend an!
Bald liegt sie in Pepes Armen,
der wächst aus zum Ehemann.

Dann hebt an, reales Leben:
kochen putzen, waschen, bügeln,
pünktlich Bier in Kühlschrank geben,
auch der Zunge Eifer zügeln,
von der Arbeit heim zu schnellen,
Pepe hätt´ gern Bratkartoffeln,
an der Tür bereitzustellen,
Pepes warme Pelzpantoffeln,
freundlich sein, wenn beispielsweise
Pepe wütend wird und schrill,
weil er einmal ausnahmsweise
nur ein fettes Schnitzel will...
Das Gescheh`n ließ sich ausweiten,
- Selbsterfahrung, Phantasie -
doch soll Schluss jetzt sein beizeiten,
„Carmen“ heißt vielleicht „Marie“.
„Pepe“ gleichfalls frei erdacht,
ist wohl gar ein „Heinerich“
oder - frei herausgesagt –
das könnt´st du sein oder ich.

Kopflose Liebe / Hals über Kopf

Verliebt sich wer Hals über Kopf,
ist dies vielleicht ein armer Tropf,
dies steigert sich gegebnenfalls,
steigt ihm das Wasser bis zum Hals.

Wenn Liebe noch mehr eskaliert,
dass er dabei den Kopf verliert,
so dass er kopflos umher stehe,
führt dieser Zustand oft zur Ehe.

Wunsch eines ewig jungen Mannes

Am Meeresstrand
im weißen Sand
stillt eine junge Mutter
ihr Kind mit „Babyfutter“,
genüsslich trinkt der kleine Knilch
in tiefen Zügen Muttermilch.

Wie sie da steht, so ungeniert,
trotz freier Brüste nicht mal friert,
verklärt im Morgensonnenschein
als Lichtgestalt – und ganz allein,
lässt sie - ein Bild für Götter -
verstummen alle Spötter.
Könnt ich doch auch ein solches tun!,
denk ich,
oh welche Lust
an dieser Brust
an solchem Quell des Lebens ruh`n!
Und wär` ich dann, dies wär famos,
genau wie heut` so alt und groß!“

Polygamtendenzen

Es sprachen drei betagte Herrn
zusammen sitzend allzu gern
von Männern, die mit neuen Frauen
bedenkenlos sich ließen trauen.
Deren Polygamtendenz
im Gegensatz zur Abstinenz
in ihrem Leben – frei von Sünde –
im krassen Gegensatz wohl stünde.
Die andern würden – kaum zu zählen --
sich vier- fünf- sechsmal gar vermählen.
„Sie müssen dann von heut` auf morgen
für jede Exfrau auch noch sorgen“,
sagt Max, „doch tröstlich ist`s zu wissen,
dass sie für alle zahlen müssen.“
Hans meint: „Je älter diese Böcke,
je doller auf die Weiberröcke,
sie lassen es dann richtig krachen,
dieweil wir treu sind unsern Drachen.“

„Wie schwer“, lacht Fritz „ist`s für die Alten
allein die Namen zu behalten,
und dann die Schwiegermütterzahl,
die wächst ja mit proportional.“
Sie tratschten hin, sie schwatzten her,
man fand, dass es am besten wär,
wie sie zu leben voller Treue
anstatt fast jährlich eine neue.
Und Hans seufzt: „Ach, mir tun sie Leid!“
Im Seufzer aber schwang ne Priese,
ne klitzekleine Prise fiese, miese
Neid.

Lokalflirt

Sie saß uns schräg gegenüber.
Ach, wie war sie jung und schön!
Und ich musste immer wieder
heimlich zu ihr rüber sehn.

Hatte mich ihr Silberblick
eben grad nicht im Visier?
Ja! Ach froher Augenblick!
Freundlich nick ich hin zu ihr.

Graue Schläfen, welterfahren ...
findet sie mich wohl passabel?
Sie jedoch, die jung an Jahren
– und für mich war`s recht blamabel –
meint nicht meine Gen`ration,
sondern neben mir, den Sohn.

Denk ich an Deutschland

(Gedanken / Parodien
von Günther Paffrath zu Gedichten von: Joseph von Eichendorff / Heinrich Heine / Friedrich Schiller / Eduard Mörike)

Zu Joseph von Eichendorff`s
„Das zerbrochene Ringlein / In einem kühlen Grunde"

Zerbrochene Zeit

Bemoost in kühlem Grunde,
da träumt ein Mühlenrad,
der Müller ist verschwunden,
der dort gewohnet hat.

Heut mahlen die Konzerne,
Fabriken backen das Brot,
des Menschen Hand bleibt ferne
dem Korn, dem Mehl, dem Schrot.

Der Mensch denkt nicht mehr ans Sprießen
des Korns in sternklarer Nacht,
an das Natur – Genießen,
an Ährenwogens Pracht,
hört nicht mehr die Wälder rauschen,
sieht nicht den sprudelnden Quell,
mag nicht dem Vogelsang lauschen,
reist blind, taub und zu schnell.

Drum seh ich das Mühlrad heut stehen,
dann wird`s ganz traurig in mir,
der Müller – musste gehen,
gab`s Herz weg für Hartz vier

Zu Heinrich Heine`s „Nachtgedanken“:

„DENK ICH AN DEUTSCHLAND IN DER NACHT“

Denk ich an Deutschland in der Nacht,
dann bin ich um den Schlaf gebracht.
Um Deutschlands Menschen, gegen Morgen,
verdoppeln sich noch mal die Sorgen.
Unrecht - trotz Gesetzestreue –
erschüttern viele stets aufs Neue;
Gerechtigkeit nur scheinbar lodert
hell, rein und klar,
jedoch es modert
im Grab – vergessen – die Moral
und edler Werte Ideal.

Wild ufert aus Bürokratie.
Bürgerfeindliche Regie
bremst aus des Bürgers Sachverstand.
Sein klares Denken für das Land
erstickt in dem Verordnungsmiev
und drückt ihn in ein Stimmungstief.

Man pflegt den Tanz um Goldne Kälber,
hofiert und liebt letztlich sich selber.
Es stellen skrupellos die Reichen
auch über Leichen ihre Weichen,
werben mit Überzeugungskraft:
Gutes für DICH aus Leidenschaft.

Wirtschaftswachstum anzustreben,
dienet dem Zusammenleben
wirkungsvoll nur in dem Falle,
wenn`s zum Nutzen ist für alle.

Doch mancher Mensch wird übersehn,
mag vor sich selbst kaum zu besteh`n,
und bangt bei der Entlassungswelle
fast täglich um die Arbeitsstelle.
Er sieht in sich ein Jammerbild,
ein Nichts, weil nur die Börse gilt,
wo Kurse und Gewinne zählen,
und die Konzerne sich vermählen.

Ach Deutschland, starke Wirtschaftsmacht,
schickst deine Söhne in die Schlacht,
um skrupelarm und recht vermessen,
sichern, wahren die Interessen
von Konzernchefs, Lobbyisten,
Aktionären, Kantonisten,
dies mit eiskaltem Kalkül,
heuchlerischem Mitgefühl
dem Leid der Opfer gegenüber ... -
fürwahr, es wäre mir viel lieber,
beizeiten – nicht zu spät - zu klagen,
und Volkes Meinung zu erfragen.

Den Jugendlichen fehlt zu viel
Zuwendung, Arbeit, Zukunftsziel.
Computerspiele, Film, PC
sind heiß begehrt. Doch längst passe`
sind kreatives „Budenbauen",
soziales Spiel, Natur beschauen.
Woll`n ohne Leitbild sie es wagen
und hier in Deutschland Wurzeln schlagen?
Sollt bessre Bildung man einfordern
statt Auslands-Fachkräfte zu ordern?

Der Rentnerzukunft - düster, grau -
fehlt finanzieller Unterbau.
Wie soll man einst in Rentenkassen
ausreichend Gelder fließen lassen?
Hast du, mein Deutschland, noch Bestand?
Vergreist der Mensch in deinem Land?
Ist Kinderaufzucht so beschwerlich,
nur Selbstverwirklichung begehrlich?
Nicht nur;
denn sehen Zukunftsperspektiven
bei mageren Gehaltstarifen
selbst noch mutig junge Leute
bei dieser Wirtschaftslage heute?
Der Arbeitsplatz – oft Schleudersitz –
gefährdet Ehe und Besitz.
Reicht ein Gehalt für Kinder, Haus
in unsicheren Zeiten aus?
Dies, weil nichts planbar ist, wohl kaum,
bleibt Familiengründung drum ein Traum?
Wer fordert, schafft hier eine Wende,
und bringt den Alptraum bald zu Ende?

Ihr jungen Deutschen in der Nacht,
wärt Ihr dann um den Schlaf gebracht
und würdet nicht dem Triebe wehren,
euch eifrig liebend zu vermehren!
Es brächt` junges Familienglück
Deutschland Saft und Kraft zurück.

Zu H. Heine: „Leise zieht durch mein Gemüt“

Leise zog durch mein Gemüs...

Leise zog durch mein Gemüs`
eine Schnecke heute.
Möhren, Gurken und Radies`
waren ihre Beute.

Blühend Rosen vor dem Haus...,
pilzerkrankt, voll Läuse,
an Endivien – welch ein Graus! –
nagten wühlend Mäuse.

Solche ungebet`nen Gäst`
möcht` ich gern vertreiben,
würden sie, das wär` das Best`
doch beim Nachbarn bleiben!

Gedanken zu

Eduard Mörike

Wer Schiller kennt
und Mörike nicht nennt,
wer Faust zitiert, doch Keller nicht empfunden,
wer sich nicht mühet, Heine, Rilke zu erkunden
und nicht auslotet seiner Seele Dimensionen,
nicht hebt die Schätze, die in seinem Innern wohnen,
der steht dem eignen Sein noch fern
und auch der Deutschen Sprache Sinn und Kern,
ist Himmel ohne Sternenzelt ,
gleicht einem unbestellten Feld,
das nie erlebt, selbst Frucht zu tragen,
ist Schiff in dürren Wüstenlagen.

Parodie zu Eduard Mörike`s Gedicht: Er ist`s / Frühling lässt sein blaues Band wieder flattern durch die Lüfte ....

Frühling lässt sein gelbes Band ...

Die Drossel singt den Frühling her,
die Birke hat's vernommen,
trotz Wolkendecke kühl und schwer
weiß sie: „Der Lenz ist kommen!"

Sie zwängt die grünen Blätterspitzen
und „Blütenwürstchen" keck hinaus;
bald füllt auch allerkleinste Ritzen
ein zarter, gelber Staub hübsch aus.

Die Augen, allergieverquollen,
verschleiert gelb die Welt so sehn:
ein zartes Grün, bedeckt mit Pollen ...,
Frühling - hatschi! - wie bist du schön!

Parodie zu dem Gedicht von Heinrich Heine:
„Sie erlischt“

Sie erlischt

Der Vorhang fällt, es gibt nichts mehr zu sagen,
was ward gehört – man könnt`s nach Hause tragen,
wenn bloß in des Gehirnes grobem Sieb
ein Gran nur des Gehörten haften blieb!

Jedoch was soll`s, man war dabei und ward gesehen,
kann stolz mit leerem Kopf von dannen gehen.
Beklatscht ward das, was man zwar nicht verstand,
jedoch was soll`s – es bauen Dichter eh auf Sand!

Der Dichter selbst, glaubt fest hingegen:
„Ich konnt` beim Hörer einiges bewegen;
den Text, so tief durchdacht und fein geschliffen,
hat auch mein schärfster Kritiker begriffen!“

Der Kritiker jedoch, der wusst` mal wieder alles besser,
wetzt in der Nacht noch rasch sein bissig-scharfes Messer,
hat in der Presse auf den Dichter eingedroschen,
und dessen Seele brach und ist im Gram erloschen.

Parodie auf H. Heines Gedicht (Lied): „Ich weiß nicht, was soll es bedeuten“

ICH WEISS NICHT, WAS SOLL ES BEDEUTEN, DASS ICH SO FRÖHLICH BIN

Ich weiß nicht, was soll es bedeuten,
dass ich so fröhlich bin,
vergangen längst schreckliche Zeiten,
des Jammerns fern ist mein Sinn.
In der Heimat ganz frei hier zu leben,
ein Volk - in Frieden vereint,
was könnte es Schönres noch geben,
auch das Recht gewogen uns scheint!

Zwar zittert Justitia`s Schale
gar manchem ein wenig zu sehr ... ,
doch sieh, wie gefüllt die Regale,
wir hungern und dürsten nicht mehr.

Wir haben ein Dach überm Kopfe,
warm ist unser Stübelein,
auf dem Herde da brutzelt`s im Topfe,
im Glase perlet der Wein.

Wir mögen fast alles uns gönnen,
ob Kreuzfahrt, ob goldnes WC,
nur eines wir gar nicht können:
das Lindern der Mitmenschen Weh.
Wir müssen an Wachstum doch denken,
an unsern Börsengewinn,
wer sein Schiff zu uns möchte lenken
muss über den Strudel hierhin.

Der Weg zu uns her durch die Riffe
hat manchen Schiffer betört,
es strandeten ihre Schiffe
und dies unsre heile Welt stört.

Doch Freunde, so sind halt die Zeiten,
im Schlaraffenland sitze i c h drin,
und ihr wisst es jetzt auch zu deuten,
weshalb ich so fröhlich bin.

Eine Parodie zu „Drei Worte des Glaubens“ von Friedrich Schiller

Die Worte des Glaubens

Drei Worte nannt` Schiller uns inhaltsschwer,
doch zeigtet die Gegenwartskunde,
es kamen gewichtend andere her,
geh`n wir wohl an denen zugrunde?
Vielleicht hat einst Schiller schon stiller gedacht:
Im Grund strebt jeder nach Geld, Anseh`n, Macht!

Wird der Mensch je frei, wenngleich frei geboren?
Sprengt - fremdgesteuert - er Fesseln entzwei?
Lenkt ihn fremde Meinung, die Ansicht von Toren
an ethischem Handeln blind, taub vorbei?
Ein Handschlag der gilt, offner Blick, klares Wort –
der Werteverlust schwemmt alles hinfort.
Und die Tugend? Sie ist wie ein leerer Schall,
der Mensch sollt sie meiden im Leben,
Gewinne erzielen nur d i e überall,
die tugendlos vorwärts streben
dem, der noch die alten Werte verehrt,
bleibt letztlich der Anteil am Wohlstand verwehrt.

Und Gott? Gottvater ist man doch heut selber!
Den zahlreichen Götzen gilt unser Tanz,
wir bejubeln, wir mästen die Goldenen Kälber
und schließen manch teuflische Allianz.
Der Reichen Gier wächst mehr und mehr,
der Ärmsten der Armen Teller bleibt leer.

Heut sind schon die Suppenküchen bedroht!
Gewinne, Wachstum fordern die Bosse.
Der Reichtum das Herz der Menschen verroht -
„menschliches Handeln“ – Worthülse nur, Posse!
Ach käme es endlich wirklich so weit,
zum Wachstum der wahren Menschlichkeit!

Drei Worte inhaltsvoll sage ich
zum Schluss nur: „Herr, erbarme Dich!“

Vorbemerkungen zu den Klapphornversen

Herr Werner Hadulla aus Bonn machte mich auf die Klapphornverse aufmerksam und regte mich zum Schreiben dieser Versart an. Klapphornverse entstanden nach dem Muster der früher viel gedichteten Vierzeiler. Der erste Klapphornvers entstand 1878 aus der Feder des Göttinger Universitätsprofessors Friedrich Daniel.

Der Klapphornvers ist eine gebundene Form des Nonsens- und Spottgedichtes. Im formalen Aufbau soll er sich auf vier Zeilen mit jeweils vier Hebungen beschränken und nach dem Schema aa / bb gereimt sein.

Er soll den Ort eines Geschehens nennen und / oder mit den Worten „Korn, „Knabe“, „Mädchen“ oder „Klapphorn“ spielen. Dies ist aber nicht unbedingt notwendig, doch muss die Pointe sitzen oder die ganze Geschichte spontan witzig erscheinen. Es folgen nunmehr einige meiner Klapphornverse:

Klapphornverse

Ein Klapphornstorch, der klappert` laut
bei einem Paar, das ungetraut,
dem Mann wär` lieber eine Ente
– im Hinblick dies - auf Alimente.

Zwei Knaben liefen durch das Korn,
des Kornes Bauer ward voll Zorn.
„Ich werd`", hört man ihn darob sprechen,
„statt Garben fortan Knaben dreschen."

Zwei Knaben knackten eine Bank
und waren danach steißbeinkrank,
sie hatten sich gesetzt zu forsch
auf eine Bank, die alt und morsch.

Es fror, als es begann zu wintern,
zwei Knaben sehr stark an den Hintern.
Sie machten drum die Hosen voll,
doch wärmt` dies anfangs nur recht toll.

Zwei Knaben suchten eine Frau,
sie fanden eine, doch genau
da brach die Freundschaft jäh entzwei;
denn in der Tat, sie brauchten zwei.

Zwei Jäger gingen auf die Pirsch,
zu schießen einen stolzen Hirsch.
Doch blieben sie im Gasthaus kleben,
das rettete dem Hirsch das Leben.

Es wollten aus dem Nebelhorn
zwei Knaben schlürfen Apfelkorn.
Es wussten nicht die Guten:
Dies Horn dient nur dem Tuten.

Zwei Schweine haben sich beklagt,
weil man stets „Schwein" zu ihnen sagt.
Seit diesem Zeitpunkt ganz genau,
sagt man statt „Schwein" ganz vornehm „Sau".

„Der Mensch", sagt Keiler Heinz empört,
„weiß letztlich nicht, was sich gehört.
Ist noch so reinlich meine Frau ...,
der Mensch nennt einfach sie nur „Sau"."

Als Mensch sag ich: „Lass solches sein,
begrüß den Eber mit „Herr Schwein",
und sag ganz einfach „Schweinefrau"
in Zukunft schlechthin zu der Sau."

Zwei Kühe schlürften Korn und Bier,
verlangten dann nach einem Stier,
da kam ein Mensch mit der Kanüle,
- fort waren Rausch und auch Gefühle.

Zwei Frösche quakten um die Wette,
wer wohl die schönste Stimme hätte.
Ein Storch hat beide dann erklärt,
a) zu Siegern – b) sie verzehrt.

In Buxtehude hat ein Knecht
bis in die Nacht hinein gezecht.
Daheim sagt` er: „Es war ganz toll,
der Mond und ich, wir waren voll."

Schnurgrade bohrt ein Wurm sein Loch,
ein zweiter sagt: „So lass das doch,
wühl` auch mal rechts und links herum!",
seitdem sind alle Löcher krumm.

Ein Wurm von echtem Schrot und Korn
wühlt` seinen Gang stets nur nach vorn,
drum hat nie wer `nen Gang berührt,
der statt nach vorn – nach hinten führt.

Ein tonnenschweres Nasenhorn
geriet in Afrika in Zorn.
Voll Wut lief es im Kreis herum
und wusst` im Grund doch nicht warum.

Ein Mann trank ständig Alkohol,
das tat der Leber gar nicht wohl.
Er starb, wen hätte es verwundert,
darum schon früh – mit grad mal hundert.

Ein Fisch schwamm schuppenlos nach vorn
zum Fischfrisör im klaren Born,
doch leider hatt` der Fischfrisör
für ihn auch keine Schuppen mehr.

Gedanken über Zeit und Ewigkeit

Zeitfenster am Abend

Die Zeit, sie plätschert hin, doch will ich dies nicht hören
Sie eilt in Bildern fort, und ich will sie nicht seh'n.
Ich möchte zum Verweilen sie betören,
doch sie lässt mich im Regen steh'n.

Vor kurzem fand ich meine Kinderschuhe,
mir ward bewusst, wie manchen Schritt ich schon getan.
Ist's mir vergönnt, dass ich noch manchen tue,
und wann und wo komm ich am Ziele an?

Die Zeit, sie öffnet kurz mir einen Fensterspalt,
lässt spüren mich, wie hastig meine Jahre eilen;
sie bleibt stets jung, ich fühl' mich alt,
muss sorgsam hegen mein „Noch-hier-verweilen".

Warum?

Warum fliegst du, Erde, durch den Raum,
warum ihr Sonnen, ihr Sterne?
Warum gibt es mich, den Fisch und den Baum,
warum Milchstraßen in der Ferne?
Warum der Wille zum Leben?
Warum der Hang zum Streben?
Warum latent selbst Leben im Stein?,
schlafend, zeitversunken,
doch lebenstrunken,
um dereinst, nach Milliarden von Jahren,
wenn Menschen längst waren,
einmal ein Sein zu sein?
Wer lenkt da herum?
Warum?

Die Zeit

Die Zeit enteilt uns Alten,
wir können sie nicht halten,
welk unsre Blütezeit.
Wir möchten uns befreien,
eindringlich fordernd schreien
nach Unvergänglichkeit.

Wer hat sie je erfunden,
wer hat mich eingebunden
in sie, die schnelle Zeit?
Wer prägte Tage, Stunden,
Jahr, Monde und Sekunden,
zeitlose Ewigkeit?

Doch würd` es die nicht geben,
nicht mal ein Nichts kein Leben,
selbst keine Göttlichkeit.
Dann gäb`s nicht Nähe, Ferne,
nicht All, nicht Sonn` und Sterne,
nicht ihre Umlaufzeit.

Es fallen die Gedanken
beim Fehlen solcher Schranken
tief in Unfasslichkeit.
Lasst uns nicht grübeln, jammern
verstrickt in engen Klammern
der karg bemessnen Zeit.

Es muss halt alles enden,
es wird sich alles wenden,
solang es gibt die Zeit.
Lasst füllen uns, wir Schwachen,
das Quäntchen Zeit mit Lachen,
sinnvoll in Lieb und Dankbarkeit.

MENSCH UND ZEIT

Am Anfang war nur Ewigkeit.
Dann kam der Mensch und er allein
entdeckt das Phänomen der Zeit
als Horizont von seinem Sein.

Des Daseins eng begrenzte Hülle
erkennend, begann er sich zu sputen,
zerlegt die Zeit in Intervalle,
in „Tage“, „Stunden“ und „Minuten“,
tranchiert die Zeit in viele Stücke,
in „Woche“, „Monat“, „Ewigkeit“,
„Sekunden“, „Tage“, „Augenblicke“,
...und eines Tages fehlt ihm Zeit.

Bemüht, der Zeiten Lauf zu stauen
wie eines Stromes Wassermassen
und tatenlos nicht zuzuschauen,
möchte er beherrschend sie erfassen
und weit`ren Zeitenlauf verhindern,
weil der bestrebt ist, wie er glaubt,
des Lebens Lauf stetig zu mindern,
da Zeit letztlich das Leben raubt.

Doch wie er Arm` und Hände strecket aus...,
die Zeit rinnt für ihn unaufhaltsam weiter,
sie reißt ihn wirbelnd mit Gebraus
hinfort, nicht wissend ob er Ross, ob Reiter.
Je mehr nach festem Halt sucht seine Hand ..,
die Zeit scheint schneller noch zu eilen.
Da spült`s ihn an des Flusses Rand,
vergönnt ihm atemholend ein Verweilen.
Als er den Zeitenstrom dahin sieht flieh`n,
erblickt er in den Zeitenmassen
ein Boot mit Zeitgenossen ziehn,
die sich geruhsam treiben lassen.
Da wird in dem Moment ihm eines klar:
Zeitlauf erleben – und nicht hassen,
sich freuen über Zeit, die kommt die war
und stets das Jetzt als ein Geschenk auffassen.

GEDENKEN AM ECKHAUS IN GROSSMENOW

Die Kate, dicht und weich bemoost
duckt sich ins Grün beim Holderstrauch,
das Gärtchen lauer Wind umkost,
rings duftbeladner Blütenhauch.

Stockrosen starr vor Fenstern steh`n,
betäubend süß die Holderblüten,
aufrecht aus Grün schneeweiß Spirä`n ...,
still sie ein Kriegs-Geschehnis hüten.

Am Giebel Rosenknospen schwellen,
teils aufgeblüht, wie Blut so rot,
im Mauerwerk die Einschussstellen,
hier fand manch junger Mensch den Tod.

Kriegsopfer, jung, so sinnlos starben,
erschossen durch des Krieges Zwang ...,
Idylle schmiegt sich heut um Narben,
tief in mir ist`s so weh, so bang.

Die Kate duckt sich ins üppige Grün,
und meine Gedanken in Trauer
hin zu den Tätern und Opfern zieh´n,
zu den Toten der Giebelmauer.

Zeit

Zeit - bedeutungsloses Nichts im Raum,
ist sie bedeutungsvoll uns doch gegeben,
willst fesseln sie, es gelingt dir kaum,
sei auch nicht Ziel in unserm Leben.
Je mehr wir kümmernd uns um sie bemüh`n
und voller Lebensgier stets eifrig nach ihr jagen,
je mehr entflieht sie unserm Müh`n,
nur dem, der Ruh` ihr gönnt still hinzuziehn,
schenkt sie ein volles Maß von hellen Tagen.

Schöne, gute alte Zeit

Wie schön war`n doch die „guten alten Zeiten“,
das stille Dorf, in dem vertraut die Schwalbe sang,
der Bauer, der bei den Feldarbeiten
kraftvoll beim Korn die Sense schwang.
Nostalgisch schön solch traute Bilder,
doch Schatten überlagern`s Licht,
die früh`re Zeit war rauer, wilder,
soziale Hilfen gab es nicht.

Schmerztherapien galt es zu erlernen
die Medizin verharrte lang auf nied`rem Stand,
selbst einen Blinddarm zu entfernen
war früher völlig unbekannt.

Im Kaiserreiche schwärmt` man gar von Siegen,
vom Kampf für Gott und Vaterland;
hoch oben schuf man Lust, sich „unten“ zu bekriegen,
indem man auch den Heldentod erfand.

Oh nein, man sollt nicht schwärmen nur von „alten Tagen“,
sie war`n oft finster - auch bei Licht beseh`n.
Im Vergleich zu heut, gibt`s für uns wenig zu beklagen,
jedoch – ein wenig Jammern finden alle schön.

Suchende

Wir alle sind Suchende,
richtungslos manchmal, ratlos oft.
Wir suchen das Leise hinter dem Lauten,
das Kleine hinter dem Großen,
uns selbst in den Mitmenschen.
Unser Blick ist in die Ferne gerichtet,
doch unser Herz klammert sich an die Nähe.
Wir spüren den wachsenden Zeitdruck,
das unbekannt Gesuchte
in der uns bemessenen Zeit zu finden.
Wir suchen den Boden, auf dem wir bereits stehen,
nicht vermutend, dem Wesentlichen unseres Lebens
so nahe zu sein.

Lebenszeit

E w i g k e i t

Es wird Zeit.
Es kommt die Zeit.
Es ist Zeit.
Es wird höchste Zeit.
Es jagt die Zeit.
Es vergeht die Zeit.
Es ist Zeit.
Es war höchste Zeit.
Es war Zeit.
Es tropft die Zeit.
Es steht die Zeit.
E w i g k e i t .

Gedenken an meine Grossmutter Caroline

Als sie im Juni 1896 starb, war Vater zwei,
die Schwester sieben, der Bruder drei.

Zukunftsträume verwehten im Sommerwind,
fort Pläne und Hoffen. Geblieben sind:
Verzweiflung und Leere tagein und tagaus,
Spur ihrer Liebe in Hof und im Haus,
im Garten, Feld, im Stall bei den Rindern ...
Einsam der Mann mit drei kleinen Kindern,
das älteste war gerade sieben.
Was ist uns von ihr noch geblieben?
Erinnerung – in weitem Raum,
ein weher Traum
aus dem Reich der finst`ren Schatten,
dem Leid der Kinder, Schmerz des Gatten?

Und doch, ich wähne,
... man weiß ja nie,
doch irgendwie ...
ihre Seele, ihre Gene
auch in mir verwurzelt sind,
manchmal haucht sie im Sommerwind:
„Ich bin bei dir, mein Enkelkind.“

Ewige Frage

Warum lebe ich?
Warum gebe ich
auf der Lebensleiter
jenes weiter,
von dem ich nichts weiß,
auf wessen Geheiß,
das, was man mir reicht,
was mir zwar gleicht,
doch nicht ich bin, nicht du -
warum und wozu?
Nicht Erde, nicht Sterne,
nicht Nähe, nicht Ferne,
nicht Materie – nur Geist,
er weist
zur ewigen Frage.
Doch meine Tage,
sie reichen nicht aus,
Born und Mündung ergründen,
Antwort zu finden.

Gehalten

Alles was ist, dehnt sich aus,
von den kleinsten Teilchen
bis zu den mächtigen Gestirnen.
Auch der Mensch strebt
hinaus in den Raum.
Doch alles Streben wird gehalten
im großen System alles Seienden,
bei dem Weg durch Zeit und Raum
von den Kräften der Mitte.

Das Vertrauen darauf,
gehalten zu werden,
schenkt Gelassenheit.

Ewige Zeit

Sie war als nichts war,
außer ihr, der Zeit.
Sie wird sein,
wenn nichts andres mehr ist
als nur sie, die unsterbliche,
die immerfort werdende,
seiende, vergehende Zeit.
Sie wird ewig sein
zwischen den Sonnen und Erden,
- auch wenn diese versanken
in den Schwarzen Löchern
unvorstellbarer Finsternis,
sie ist und wird sein auch einfach im Nichts.
Sie schwelgt mit sich,
sich selbst verprassend,
den Überfluss trinkend,
zerlachend die Uhren,
die Zeitenmesser,
die Lichtjahrerechner,
die schon Lippen schürzten,
um mit ihr zu trinken
aus dem Krug, dem übervollen,
die doch schon ertranken am ersten Tropf'.
Und dennoch,
es ist ein Leben wert,
zu kosten diesen einzigen Tropf.

So ändern sich die Zeiten

Früher fühlten sie sich mit vierzig als Greise,
heute halten sie sich mit zwanzig für weise.

Gefährliches Leben

Wenn, als ich jung,
noch voller Schwung
ans eigne Altern hab gedacht,
hab ich gelacht:
„Das hat noch Zeit,
das liegt so weit,
bin noch am Quell,
Tag ist`s und hell
noch wird`s nicht Nacht“,
- hab ich gedacht.

Doch heut, ihr Leut,
heut ist`s so weit!
Die Mündung dort --
wann muss ich fort?
Mein Haar ist weiß,
ich bin ein Greis!
Wer lebt von meinem Jahrgang noch?
Kaum wer!
Jawohl,
da sieht man`s doch!
Wer ist bereit
für meine Zeit
`nen Heller noch zu geben?
Ich fühl verlassen mich, allein!
Das heiß geliebte Leben
kann – wie ich find` – gar tödlich sein!

Lebensmittag

Gar viele Augen sind auf dich gerichtet,
und viele Ohren hören stets dein Wort.
Das, was du sagst, das wird gewichtet,
du spürst, wie man sich nach dir richtet,
du bist, du bleibst – so wähnst du – immerfort.

Es wirbelt Staub bei jedem deiner Schritte,
der Staub, aus dem du bist, zu dem du dich nicht zählst.
Du stehst in aller, wie in deines Lebens Mitte,
und wohlgewägt und sicher jeder deiner Schritte,
und dein wird alles das, was du erwählst.

Doch irgendwann erahnst du, dass noch etwas ist,
das du – trotz aller Umsicht – nicht erfassen kannst
mit deinen Sinnen,
das dich mit andern Maßen misst.
Die nicht von dir bemess`ne Frist,
sie wird nach höh`rer Sicht für dich verrinnen.

Noch stark und unbewusst des eignen Tuns
musst du dann nach dem Schwachen greifen.
Was du verlachtest, es erfasst dich nun,
lässt dich in deiner Sicherheit nicht ruhn,
und sie beginnt in dir, die leise Zeit des Reifens.

Lebensnachmittag

Die Fülle der Jahre gedankenlos trinkend halte ich ein,
das zum Fluss werdende Rinnsal der Zeit erkennend.
Erschreckt bemerke ich,
dass nicht ich voran schwimme im Strom
der Zeit,
sondern dass es mich treibt, dorthin,
wo die Wasser hinab
stürzen in grundlose Tiefen.
Und keine Möglichkeit gibt es,
im Strom zu verharren, sich gegen ihn zu wenden
oder gar umzukehren.

Die sattgelbe Morgensonne,
die so warm mich beschien,
als im Lebensfrühling ich ging,
geleitet von Vater und Mutter,
sie stand längst im Zenit,
und ich wusste es nicht,
weil ich rastlos auf der Suche war
nach Schutz vor den sengenden Strahlen.

Damals sehnte ich mich nach der gold-warmen Abendsonne,
die den Tag sanft ausklingen lässt.
Doch nun, wo sie mir bald scheinen wird,
da graut es mir vor der Schwärze der Nacht,
die ich dahinter befürchte.

Oft träume ich jetzt von der Morgensonne
und von den vielen Menschen,
die mir Licht brachten.
Erst jetzt sehe ich die Blumen,
die immer waren
und greife nach ihnen,
bevor auch sie ihre Kelche für mich für immer verschließen.

Ich dränge mein Auge,
sich unermüdlich satt zu trinken
an der Schönheit meiner Welt,
die ich jetzt deutlicher sehe, obwohl
sich das Auge zu trüben beginnt.

Mit schwächeren Sinnen vernehme ich
den Pulsschlag des Lebens klarer denn je.
So vieles ist mir vertraut und lieb.
Und alles möchte ich halten mit den Händen,
die kaum merklich starrer werden
bei der nahenden Kühle des Abends.
Die Wege meiner Gedanken werden weiter
im ständig wachsenden
Umfang der Erinnerungen.
Sie lassen das War zum Ist werden
und ihre Konturen fließen ineinander.
Noch nehmen sie mir ein wenig die Furcht vor der Nacht.

KAIN

Der Mensch, aus animalisch, wildem Lebenswillen
erwacht zu Denken und Versteh`n,
sucht seinen Drang nach Macht zu stillen,
um herrschend andern vorzustehn.

Im Wahn möcht` er - als Lebens Sinn -
zur Macht den Reichtum noch erringen,
auch dränget Machtwahn ihn dahin,
den Mitmensch ihm zu Diensten zwingen.

Doch manchmal fühlt er seiner Seele Riss.
die ihn zum einen führt zum Licht
zum andern drückt zur Finsternis
den Januskopf, ein A - und O-Gesicht.

Schwer fällt oft mitmenschliches Fühlen
und, dass vom Trieb des Egos er sich löse,
so sitzt er leidend zwischen Stühlen
im Spannungsfeld von Gut und Böse.

Genetisch fest verankert Hass und Liebe,
verdeckt die letz`re meist die finst`re Nacht,
in der sie ruht, die Kraft des Wahnes Triebe,
die alles zehrend dann entfacht,
wenn warme Glut des Euphorismus
umschlägt in kalte Gier nach Lust und Macht,
und eruptiv im Wahn des Fanatismus
zerstörend Böses breit sich macht.

Wie über Grat und Gletscherspalten
die Menschen ungefährdet geh`n,
wenn sichernd sie einander halten ...,
so kann die Menschheit nur besteh`n,
wenn Volk zu Volk dem andern hilft, ihm trauend,
erkennend: Böses liegt nur in dem einzelnen allein.
Und dieser muss, das Erbe Kains abbauend,
stets in sich horchend wachsam sein.

Angst

(Im Eichenwald)

Der schwarzen Wand rückst du schnell näher,
die noch ein Nebel grau verdeckt,
dein Schritt wird müd, dein Rücken weher,
der Körper beugt sich, der einst hoch gereckt.

Du weißt was kommt, willst deine Angst verdrängen
und das, was gilt, für dich nicht gelten lassen,
zu flach der Sand, den Kopf hinein zu zwängen,
zu schwach die Hand, was bleiben soll zu fassen.

Jäh bricht Verzweiflung dir den inn`ren Halt.
Du fliehst, willst aller Hast und Hektik weichen,
suchst Ruhe in dem dir vertrauten Wald
und atmest ein die Sprache deiner Eichen.

Du lehnst am Stamm, streichst dessen raue Rinde,
spürst mütterlichen Schutz im Schirmdach des Geäst`s,
das sanft sich wiegt im Spiel der Winde
dich still zur Ruhe kommen lässt.

Verwurzelt Baum und Mensch in heimatlicher Erde
webt sich aus Wunsch und Muss ein Traum,
durch den sie klar bewusst uns werde,
die Einheit zwischen Mensch und Baum.

Du spürst die Kraft, hörst Bäume wispern, sprechen,
jäh lacht der Schwarzspecht, dass es gellt,
trotzdem du schrickst, in dir die Ängste brechen
gleich ob es steigt - das Leben - oder fällt.

Wurzeln – Fundamente

Dem Baum, der sich zum Himmel reckt,
nach Sternen scheint zu streben
ist eine Grenze auch gesteckt
und Endlichkeit gegeben.

Was über- erdig ragt hinaus,
wird Ziel von Urgewalten,
es droht ihm des Orkans Gebraus,
dass Blitze ihn zerspalten

Verankert tief im Felsgestein
zwar Wurzeln fest sich krallen,
wenn jedoch Blitz mit Sturm fällt ein
selbst Riesenbäume fallen.

Geschützt in Wurzelstumpfes Schoß
– in Mutterbaumes Laub gelegen -
drängt sich empor ein neuer Spross
dem freien Licht entgegen.

Der junge Mensch braucht gleich dem Baum
für Wurzeln seines Lebens
den Halt, auch Freiheit, Licht und Raum
als Ziele seines Strebens.
Wird in ihn Achtung eingepflanzt
für Brauchtum und Kultur,
der Ahnen Werte eingestanzt,
Respekt vor der Natur,
... kann er auf diesem Fundament
getrost sein Leben bauen,
legt zudem er hier den Akzent
auf Liebe und Vertrauen.

Weimar liegt bei Buchenwald

Fast vereint - konträre Triebe:
Friedenswille und Gewalt,
blinder Hass und Nächstenliebe,
Weimar liegt bei Buchenwald.

Strebt der Menschen Sinn und Treiben
auch nach edler Hochkultur,
wird das Böse immer bleiben,
drängt Kultur aus gerader Spur.

Mag der Mensch nach Wärme streben,
zeigt doch kalter Sachverhalt:
Böses wird nie Ruhe geben,
Weimar liegt bei Buchenwald.

Weshalb bin ich so, wie ich bin?

Weshalb bin ich so, wie ich bin?
Warum nutze ich nicht meine Kraft,
um mich von der Schwärze, die mich umgibt, zu befreien?
Weshalb vermag ich nicht, die schwarze Decke fortzureißen,
die sich immer wieder über mich legt,
mir das Licht nimmt,
meinen Atem stocken lässt?
Warum suche ich Steine, um sie mir auf den Weg zu legen?
Warum sagt mein Mund nicht ein befreiendes Wort?
Spürst Du nicht, wie Dich alles in mir schweigend bittet,
mich aus dem Ghetto meiner schweren Gedanken zu befreien?

Was wird bleiben?

Nichts war, was ist
für mich, bevor ich war,
und nichts wird einstens von mir bleiben.
Moränenberge des Vergessens
nähern sich,
zermalmen Zeit, verschlingen
was so wichtig scheint.

Der grauen Walze ist Erbarmen fern,
auch Herz und Schmerz,
und Seele und Empfinden.
Der Schuttberg rollt,
und hastig setze ich die Marken:
ein Lied, ein Wort, ein Bild...
wer weiß – auch Gold und Macht,
der kleinen Menschen Pyramiden.

So ramme hier und dort ich Pflöcke ein;
doch nie ist Machwerk je imstand,
der zugemess`nen Zeit zu trotzen.
Die Zeit verwässert meine Gene.
Es dauern weder Licht noch Schatten,
nur auf Vergessen ist Verlass,
und außer Nichts, da bleibt vielleicht
ein Gran von Geist und Glaube, Hoffnung, Liebe.

Bäume – Früchte – Pflanzen
Bergischer Abschluss

Der „Schiefe Baum“

(1984: erster Nachkriegsbesuch in Giersdorf / Schlesien)

Im Heimatdorf der Kinderzeit -
zum ersten Mal seit vielen Jahren,
dazwischen eine Ewigkeit,
Veränderung und Freud und Leid,
seitdem wir hier zu Hause waren.

Staub wirbelt auf bei jedem Schritt,
die Sonne brennt die Heimaterde.
Wir spür`n: der Ahnen Wunsch schwingt mit,
begleitet uns bei Schritt und Tritt,
dass Vergangenes nicht vergessen werde.

Mir war`s als ging ich wie im Traum
den Viehweg hoch, bis wir dann hielten
an ihm, dem grünen „Schiefen Baum“,
seit fünfzig Jahr verändert kaum,
auf dem wir damals sangen, spielten.

Und so wie einst lädt er zur Rast.
Wir ruhn uns aus in seinem Schatten.
Es schwinden in uns Hektik, Hast,
wir sind in diesem Land zu Gast,
in dem die Vorfahr`n Heimat hatten.

Übers Hügelland schweift nun der Blick.
Kein Laut durchbricht die Mittagsstille.
An jene denken wir zurück,
die einst hier fanden Lebensglück
in dieser grünen Dorfidylle.

Dass es noch solche Ruhe gibt!
Oh Giersdorf, heimelig, vertraut!
Dies ist ein Land, das man noch liebt,
auch wenn viel Äuß`res uns betrübt,
es uns vor Grenzen graut.

Die Hitze flimmert über`m Land ...,
DU schöne, heile Welt voll Wunden!
All ihr, die ihr im Schlesierland
daheim einst ward und mir bekannt,
Euch fühl` ich mich verbunden.

Alte Buche

Du recktest schon die Äste
längst hoch zum Himmel auf,
als ich beim Wiegenfeste
begann den Lebenslauf.

Es rauschten deine Blätter
im sanften Sommerwind,
die bunt bei Herbstes Wetter
davon gewirbelt sind.

Du hört`st das Jagdhorn hallen
sahst Wild von dannen fliehn.
du spürtest Flocken fallen,
sahst Kranichzüge ziehn.

Du standst an gleicher Stelle,
gingst keinen einz`gen Schritt,
der Zeiten Unrast Welle,
sie trieb dich niemals mit.

Nie sahst du, was uns wichtig,
nie Fernseh`n, nie PC
du liebst, was für dich richtig,
schlicht Licht, Luft, Regen, Schnee.

Dich ließ Globalisieren
so kalt wie Börsenkrach,
sorgst für`s Assimilieren
in deinem Blätterdach.

Die Erde - Kugel? Scheibe?
Die Frage ließ dich kalt,
dir wichtig war die Bleibe
im trauten Buchenwald.

Und dass ich dich besuche
so oft mir`s möglich ist,
versprech ich, liebe Buche,
solang mir bleibt die Frist.

Ich streichle deine Rinde,
seh dich voll Ehrfurcht an.
Du spürst, was ich empfinde,
dass ich dir zugetan.

Bergisches Obstjahr

Satt belaubtes, grünes Dach,
Reih` um Reihe, Baum für Baum
steh`n sie duldend und gemach
Jahre atmend wie im Traum,
schwankend in den Frühlingsstürmen,
schüttelnd sich in Hagelschauern,
unter grauen Wolkentürmen
lösend sich aus Winters Mauern.

Lindes Licht und laue Düfte
wecken sie zu Frühlingsträumen,
und mit zarten, süßen Düften
werden sie zu Blütenschäumen.
Bienen sammeln summend Pollen.
Bald dann wirbelt Blütenschnee,
übermütig Rinder tollen,
frühlingsfroh durch Gras und Klee.

Sommersonne heißer Strahl
lässt das Leben rings ermatten.
Blätter hängen schlaff und fahl,
Rinder dösen träg im Schatten.
Bäume saugen voller Kraft
Wasser aus der trock`nen Erde,
wandeln es zu Lebenssaft,
auf dass neues Leben werde.

Herbstlich weht schon Wind daher.
Goldnes Licht. Gewitterregen.
In den Ästen lastet schwer
reife Frucht, dem Mensch zum Segen.
Jedoch, was Alten einst als Werte galten,
gepflanzt um Nachfahr`n zu beschenken,
woll`n diese nicht in Ehren halten,
der Werte nicht einmal gedenken.

So freu`n sich Drossel, Hase, Reh,
dieweil der Kranich südwärts reist.
Schon schmeckt die Luft nach erstem Schnee,
Bemooste Stämme steh`n verwaist.
Ich seh` die letzten Blätter weh`n
und werd` die Weihnacht vorbereiten.
Ihr Bäume bleibt nun ruhend steh`n
und träumt im Frost von Sonnenzeiten.

Obsternte im Herbst

Der Herbst, ein sturmerprobter Mann,
der schüttelt an den Bäumen.
Bunt malt er Frucht und Blätter an,
macht Schluss mit Sommerträumen.

Vorbei die warmen Sommertage,
verwelkt die schöne Blütenpracht,
doch hinter bunter Blätter Lage,
da reift die Frucht in schwerer Tracht.

Für unsre Eltern gibt es nun
im kleinen Beerengarten
und in dem Obsthof viel zu tun,
der Segen kann nicht warten.

Der Vater steint die Äpfel aus,
Pflaumen schält die Mutter,
aus Blaubeer`n press ich Öl heraus,
aus Himbeer`n Vogelfutter,
aus Sonnenblumen Apfelsaft,
Sirup gibt es aus Trauben,
aus Birnen quetsch` ich Himbeersaft,
- es ist fast kaum zu glauben!

Mein Bruder Fritz knackt Pfirsiche,
und Schwester schält die Nüsse.
Oh Herbsteszeit, du herrliche,
wie bist du voll Genüsse!

Doch halt, mir deucht, da stimmt was nicht ...
zu Kopf stieg wohl der Segen.
Lasst uns die Zeilen im Gedicht
ein wenig anders legen:

Der Vater steint die Pflaumen aus,
die Äpfel schält die Mutter,
aus Sonnenblume lös ich aus
ein kernig Vogelfutter.

Aus Äpfeln press ich Apfelsaft
und Traubensaft aus Trauben,
aus Himbee`n koch ich Himbeersaft,
das ist nun doch zu glauben

Mein Bruder Fritz schält Pfirsiche,
die Schwester knackt die Nüsse.
Oh Herbsteszeit, du herrliche,
wie bist du voll Genüsse!

Umweltschützer

Er hatte den Mund voller Umweltschutz,
das Hirn volle Naturschutz
und die grüne Mülltonne neben seinem Bett.
Doch jedes Mal
wenn er bei seinen zahlreichen Urlaubsflügen
vom Flugzeug aus die Umweltzerstörung betrachtete,
war diese größer geworden.
Und er fragte sich:
„Was machen sie bloß falsch, diese Menschen?“

Streit im Gemüsegarten

Vater hofft, dass in dem Garten
dies` Jahr alles gut gerät,
er hat die Gemüsearten
ausgewählt, die er bald sät.

Samentütchen liegen schon
säbereit im Gartenhaus,
dort hat Vaters jüngster Sohn
sie geseh`n, der kleine Klaus.

Der öffnet sie und sät dann munter
allen Samen auf e i n Beet,
recht ihn in den Boden unter,
Vater kommt, jedoch zu spät.

Mag werden, was da wachsen mag,
was hilft noch Schimpfen, Schreien!
Die Sonne lockt und bringt zu Tag,
das, was da will gedeihen.

Bald beginnt es sich zu regen,
gedrängt zu keimen allerorten,
zum Licht empor sich zu bewegen
Wildkraut und Gemüsesorten.

Beengt spricht höflich eine Möhre:
„Verzeiht, Herr Rettich, wenn ich störe,
würden Sie sich bitte rechts mehr halten,
ich kann mich sonst ja nicht entfalten."
„Wo soll ich hin? Rechts wächst Salat
und hinten drückt bereits Spinat!"
„Ich brauche Platz!", ruft der Porree,
„mir tun schon alle Wurzeln weh!"
„Und mir," schreit laut der Rosenkohl,
„ist im Gedränge auch nicht wohl!"
„Mir ist es schon", klagt eine Zwiebel,
„durch dies Enge furchtbar übel!"

„Und ich brauch Licht!“, ruft Runkelrübe,
„ich seh` die Sonne nur noch trübe!“
„Au, pfui!“,keift Frau Sellerie,
„der Rettich kneift mir in mein Knie!“
„Wir fordern“, gröhlen Stangenbohnen,
„man möge u n s gefälligst schonen!“
„So rankt doch weg, ihr Bohnenschurken!“,
schimpfen bissig Schlangengurken.
Und gar die kleine Brunnenkresse
kräht bös zur Gurke: „Halt die Fresse!“

Ringsum Enge!
Nur Gedränge!
Wild` Geranke,
laut Gezanke.
Auch das Wildkraut
wird jetzt sehr laut.
Zuerst fängt bös der Löwenzahn
mit Schwarzwurzeln zu schimpfen an.
Ganz heiser zischt die Klette:
„Mach dünn dich, Rübe, fette!“
Es schweigen Hundskamille
und Distel auch nicht stille,
es sagt die Vogelmiere
zum Platzbedarf das ihre.
Kurzum, es hörte ihren Streit
um Licht und Luft und Erde,
wer`s hören wollte meilenweit
so eine Ziegenherde.
Die hüpfte dann sehr rasch herbei
mit hungrig-leerem Magen,
fraß säuberlich das Beet ganz frei,
so endete das Klagen.

Kannst du darum mal im Gedränge
den heiß ersehnten Platz nicht kriegen,
so trag geduldig diese Enge,
denn überall, da lauern Ziegen.

Pflanzengespräche
(Biotop-Ballade)

„Woher“, so fragt mit gelbem Kopfe,
wobei er schräg nach oben schaut,
„kommst du her mit dem hellen Schopfe,
du hübsches Hirtentäschelkraut?“

Der Hornklee hätt` dies gern erfahren.
„Ein Mensch“, sprach jenes, „riss uns aus,
am Wegrand, wo wir schon seit Jahren
verwurzelt, macht uns den Garaus.
Die Emse schleppte mich als Korn
hier in die kleine Bodenritze,
wo zwischen Löwenzahn – da vorn -
und Winde – hinter uns – ich sitze.

„Und ich“, sprach nun der Löwenzahn,
indem er zu den Sprechern spähte,
„kam auch als Samenkorn hier an,
als jemand unsre Wiese mähte.

Die Mutterpflanze riet noch jedem Kinde,
bevor sie fiel und dann verdorrte:
Vertrau euch an dem guten Winde,
lasst treiben euch zu neuem Orte!“

„Auch mich“, die Winde sprach als vierte,
„riss Menschenhand roh aus der Erde,
als Samenkorn ich hierher irrte,
wo weiter ich nun ranken werde.“

Recht froh, dass man hier Heimat fand,
wuchs nun der kleine Biotop
im Teer am schwarzen Straßenrand
als buntes, frisches Schöpferlob.
Und mancher, der es hier erblickt
und Gabe hatt` zum rechten Sehen,
der blieb ein Weilchen still beglückt
vor diesem Lebenswunder stehen.

Einst suchte man den schönsten Ort,
und voller Eifer mit Elan
zupft man ein jedes Wildkraut fort
im wohl bekannten Reinheitswahn.
Behaftet mit der Reinheitsmacke
zerschlug dann irgendwer
genüsslich und mit scharfer Hacke
den trauten Biotop im Teer.

Der Pflüger

Wenn der Bauer seinen Acker pflügt
und Furche sich an Furche fügt,
soll alles „Hässliche" verschwinden:
Stoppeln, Hahnenfuß und Winden.

Bald liegt der Acker braun und glatt,
was den Ertrag behindert hat,
nun säuberlich gewendet
unter Erde endet.

Doch Disteln, Labkraut, Löwenzahn,
die fangen gleich zu wuchern an
hindurch die schweren Schollen,
obwohl sie`s gar nicht sollen.

Und zieht der Mensch eine Zäsur,
stellt neu des Lebens Weichen,
dann möcht` er seines Daseins Flur
auch wenden, sauber streichen.

Hat er das, was so hässlich war
unsichtbar dann verdecket,
kann`s doch sein, dass im nächsten Jahr
das Übel ihn neu schrecket.

Was er so sicher glaubt bezwungen,
dies ist nun mal des Daseins Lauf,
ist doch erneut ans Licht gedrungen,
die böse Saat geht zu leicht auf.

Mein Bergisches Land

Mein Bergisches Land, wie bist du so schön!
Es leuchtet das Grün der waldreichen Höhn
im hellen Sonnenstrahle.
An den murmelnden Bächen holet sich
der Reiher manchen silbrigen Fisch
im Wiesengrund im Tale.

Es blickt der Wandrer auf einsamer Spur:
verträumte Landschaft noch grüne Natur,
Idyll` im Übermaße.
Nach jeder Biegung ein neuer Blick -
schenkt Seelenkraft und Mut zurück
für seines Alltags Straße.

Fachwerkhäuser schimmern freundlich verträumt
von duftenden Bauerngärten umsäumt
einladend ihm entgegen.
Gastlichkeit trifft er noch weit und breit;
Wandrer, so setz dich und nimm dir Zeit
für ein Gastmahl am Wege

Bienen summen in blühenden Linden,
erlenumsäumte Bäche sich winden
durch anmutige Auen.
Viele Zeugen vergangener Zeit
und Stätten eifriger Schaffensfreud
gibt`s überall zu schauen.

Bergisches Land, zwischen Rhein, Sieg und Ruhr,
bewahr deinen Kern echter Natur
und lass dich nicht verformen!
Du schenkst jedem, der noch sehen mag,
Besinnung und Glück ihm jeden Tag
in Freiheit ohne Normen.

Kapelle zu Biesenbach – Forsten

Schier ewig stehst du da, du kleines Gotteshaus
verwurzelt fest im Land wie deine Linde,
die schirmend um dich webt die Äste aus,
symbolhaft fernhält alles Zeit Gebraus,
dich ruhen lässt, dich schützt vor rauem Winde.
Was drängt` die Menschen, die dich einst erbauten,
der Pest, des Hexenwahns sich kaum befreit nun fühlten,
zum Glauben zwingend sich, zu Gott hinschauten,
doch weder Gott,
dem Teufel noch sich selber trauten,
an der Verheißung
ihres Zweifels heiße Stirne kühlten.

Da gab es Himmel, Hölle, Unten, Oben
und Gott, den Satan, Böses, Gut.....
- mit Geist und Fleisch als Part und Widerpart hinein verwoben
zwingt - noch verwirrt
der Mensch sich durch, um Gott zu loben,
auf dass des Suchens müde Seele ruht.

Doch nicht nur, um sich frei zu ringen
aus antinomischen Strukturen,
möcht` er den Kampf von Licht und Finsternis durchdringen,
noch zitternd bittend Gott ein Opfer bringen:
„Sieh gnädig an, den Rauch auf meinen Fluren!“
Auch um mit sich ins Reine zu gelangen
braucht er – dem Klausner gleich – den Gottesort.
Hier lösen Schatten sich, die ihn gefangen,
vom stillen Denken nur umfangen
hört auf sein Fragen er des Schöpfers Wort.

Sonntagmorgen im Dorf

Sonntag ist`s seit früh um sieben,
wenn mit Geläut die Kirchenglocken
die Menschen aus den Betten locken,
gern wär der Pfarrer noch darin geblieben.

Die Pfarrfrau gähnet noch verhalten,
zum Aufsteh`n fehlt auch ihr der rechte Schwung,
möcht` ihren Mann bei sich behalten,
sie liebt das Bett – und ihn, sie ist ja noch so jung.

Sonntag ist`s und Bauer Meier
melkt Elsa, seine siebte Kuh,
die Hühner legen gackernd Eier
und aller Hennen Hahn kräht laut dazu.

Der Dorfwirt Henkel reibt sich froh die Hände,
geöffnet ist die Gastwirtschaft `ne Weile schon.
Bald ist die Predigt – hoffentlich! – zu Ende,
das Zechen nach dem Beten gehört zum guten Ton.

Der Pfarrer ist mit sich und seiner Welt zufrieden,
hat seinen Schäflein tüchtig eingeheizt,
die haben rechtes Hören gut vermieden,
bei der Kollekte so wie eh gegeizt.

Vom Pfarrhaus her ein Duft von Sonntagsbraten,
– ein irdisch Himmelreich – und zudem sein`s!
Der Sonntag scheint gut zu geraten,
und von der Turmuhr schlägt es eins.

Letzte Bitte

Jetzt, da die Sonne im Zenit
mir, Herr, die längste Zeit geschienen,
schenk mir, bevor das Leben flieht,
noch einmal höchsten Glück hienieden.

Lass mich noch einmal in den Wäldern
den Frühling lind erwachen sehn,
noch einmal auf vertrauten Feldern
am Rand des Ährenmeeres steh´n!

Noch einmal lauschen Lerchensang
und Kuckucksruf und Kranichschrei,
zu zweit im Mondenschein ein Gang,
denselben – wenn es geht – im Mai,

Gönn mir noch mal den schweren, Wein,
und – neben mancherlei Genüssen –
schenk mir ein liebes Mägdelein
und...lass mich dieses innig küssen,
und – falls es geht – drum bitt´ ich sehr,
gönn – diesbezüglich – mir noch mehr!
Hast du mir alles dann gegeben,
lass mich, ich bitt´ schön, weiterleben!

Engs Dezember
(in bergischer Mundart)

Schwatz sehn ech Bööm em Nivvel stohn,
et ahl Johr es nu bahl vorbei,
do en denn Böken schreit d`r Krohn,
on üvvert Feild trickt kahlt en Hei.

Su mänchmohl ben ech ruusjejangen
an sunnem letzten, stellen Dach,
däht an dat, wo ech dran jehangen
un ooch an dat, wat kummen mach.

D`r Dau fängt ahn, zo Rief zo we-erden,
lieht op d`r Froocht, die ech jesächt,
on unversehnds ben ech am be-erden
fürr all dat, wat mech nu bewä-echt.

Es jeder Ahnfang hät en Eng...,
ehnmohl ben ech nit mieh dobei,
ech föhl, et we-erden klamm ming Häng,
on üvvert Feild trickt kahlt en Hei.

Nivvel = Nebel; Feild = Feld; Hei = kalter, nebliger Lufthauch
Rief = Reif; Böken = Buchen; klamm = steif vor Kälte

Nachlese
Verse, Sprüche und andere Verdrehtheiten

Bauchgefühl

Gar mancher fasst das Glück beim Schopf,
lässt er entscheiden nicht den Kopf.
Um zu erreichen jenes Ziel,
da handelt er nach Bauchgefühl.
Doch manchmal geht das grandiose
Bauchgefühl auch in die Hose.
Mit Kopf und Bauch's Zusammenspiel
kommt näher man zumeist dem Ziel.

Dichtungen

Glücklich schätze sich der Mann,
wenn er selber dichten kann.
Nicht nur Verse sind vonnöten,
Dichtung mittels schrauben, löten
kann mehr als in Versen singen
Wohlstand und auch Freude bringen

Globalisierung

Blase hüllt Globus ein,
schillert Probleme klein.
Alter Werte Fülle
erstickt unter Hülle
Seifenblasen – Implosion
wann kommt sie endlich – oder schon?
Befürchten – erhoffen?
so oder so – wir sind betroffen.

Laster haben

Laster in dem einen Sinne
bringen Speditionsgewinne.
Laster sind dann sozusagen
„Speditionstransportlastwagen".
Laster gibt's auch anderseits
mit so ganz speziellem Reiz.
Oft wird, wer solchen Lastern frönt,
voll Unverständnis noch verhöhnt.
Dann ist zwar nicht ein Laster platt,
doch jener, der ein Laster hat.

Zum Haare-ausraufen

Gar mancher zermartert sich sein Gehirn,
warum sich sein Magen umdreht,
es ihm sauer aufstößt
und ihm die Galle überläuft,
nur weil ihm der Nachbar Hals- und Beinbruch wünschte.

Es ist bekannt von alters her:
Wer Sorgen hat, will nicht noch mehr.

Die Tugend in dem Menschen wohnt,
solang er glaubt, dass sie sich lohnt.

Der Mensch, der sich zum Krösus mausert,
fortan in kleinen Dingen knausert.

Gar mancher Mensch ist dann erst gut,
wenn er im kühlen Grabe ruht.

Vor dem, der seine Herzensgüte verhalten preist,
oh Mensch, dich hüte!

Wenn Gottvertrauen wir nicht hätten,
dann blieben uns nur die Tabletten.

Einsichtig sein ist angenehm,
wenn`s andre sind, wenn sie einseh`n.

Eine alles umfassende Bürokratie
erübrigt die Pflege des gesunden Menschenverstandes.

Jeder ist seines Glückes Schmied,
aber nicht jedem gibt das Schicksal das gleiche Rohmaterial.

Manche reiche Menschen wären nicht so arme Teufel,
wenn sie weniger Geld hätten.

Eines Menschen Geschwätzigkeit
baut ihm eine Mauer des Schweigens.

Lasst die Kirche im Dorf!
Es könnten mal schlechte Zeiten kommen.

Wer den Mund zu voll nimmt,
kann daran ersticken.

Wer kein Blatt vor den Mund nimmt,
kann sich gar leicht den Mund verbrennen.

Ein blinder Hahn
findet auch schon mal `ne willige Henne.

Ein guter Hahn,
der tröpfelt nicht.

Ich strebe nicht nach Brot allein,
es darf auch mal ein Braten sein.

„Versprochen!“ -
Versprechungen gegenüber ist Vorsicht geboten,
da die Versprechen der Versprechenden
oftmals nur Versprecher sind.

Mancher gewänne mehr an Ansehen,
wenn er weniger nach Ansehen streben würde.

Musik, die so entsetzlich ist modern,
hör` ich - Verzeihung – gar nicht gern,
ertragen kann ich nur die Klänge,
wenn recht kurz ist deren Länge.

Wes Brot man isst,
des Lied man singt,
drum manches Lied
so falsch auch klingt.

Wer einmal völlig außer sich ist,
der möge in sich gehen,
um dann wieder zu sich zu kommen.

Durch allzu vieles Ferngesehe
fehlt manchem heut der Blick zur Nähe.

Dem Darlehnsgeber fällt das Erinnern leicht,
dem Darlehnsnehmer das Vergessen.

Was man nicht hat, man nicht verliert.
Dennoch wird gespart, gefastet,
um zu besitzen, was belastet

Wer sich stets nach der Decke streckt,
sich krümmend gar den Kopf bedeckt,
der achte, dass er nicht erschrickt,
wenn er am Morgen ist erstickt.

Unter „Sozial-sein“ verstehen viele,
dass man dann, wenn man sich in die Nesseln gesetzt hat,
den Nächsten einlädt, Platz zu nehmen.

Die Kultur eines Staates zeigt sich in seiner Haltung
gegenüber den schwächsten Gliedern der Gesellschaft.

Es ist ein Unterschied, ob jemand von seinem
Mitmensch die Einhaltung von Werten und
Tugenden laut einfordert, oder ob er sie als
schweigendes Vorbild vorlebt.

Man soll einen Menschen nehmen wie er ist,
doch muss man ihn wirklich nehmen?

Nicht jeder, der gern andre auf den Arm nimmt
ist bereit, auch sich auf den Arm nehmen zu lassen.

Wem Gott ein Amt gibt, dem gibt er meist Verstand,
doch oftmals vergibt er nur Ämter.

Nicht jeder Zeitgenosse ist würdig, Mutter Erde zu betreten.
Darum schone man sie durch einen roten Teppich.

Zukünftiges Erinnern wird durch die Gestaltung
des gegenwärtigen Augenblicks verschönt.

Wer Intoleranz toleriert - verliert!
Wer Intoleranz zeigt kühn die Stirn, - der hat Hirn!

Auch ohne Brill` und Kontaktlinsen
kann leicht man nach Kontakten linsen.
Doch oft, beim Zwinkern und beim Grinsen,
geh`n Takt und Linsen in die Binsen.

Starres Festhalten an einmal fixierten Argumenten,
beweist nicht deren Richtigkeit.

Alter lässt die Hosenbünde enger,
die Gürtel kürzer und die Zeit knapper werden.

Ein Land anzustreben, in dem Milch und Honig fließen, ist nutzlos,
wenn niemand melken und imkern will.